わかる仏教史

宮元啓一

角川文庫
20310

はじめに

本書は題名のとおり、「わかる」仏教史ということで、従来になく短い分量のなかで、仏教の流れをくっきりと浮き彫りにすることを目標としています。

そのため、本書執筆にさいしてもっとも留意した点は、問題を整理し、端正な単純化を施しつつ、いかに押さえるべきことがらをすっきりと押さえるかということでした。わかりのよい文章を書くことの成否は、ひとえに、どれだけ書かないでいられるかという、決断力、胆力にかかっていると、昔、尊敬するあるアメリカの学者に教わったことがあります。本書を執筆しているときにつねに脳裏にあったのはその教えでした。

本書の読者はおそらくほとんどが日本人ですので、本書は、日本仏教の源流を明らかにするために、インド仏教史、中国仏教史、日本仏教史と並べました。また、今日の日本人にとってもなにかと関わりのある上座部仏教（南方仏教）とチベット仏教の歴史についても、ごく簡潔ながらそれぞれチャプターを設けました。

いちばん分量が多いのはインド仏教史の部分で、全体の六割を占めます。こうしたのは、仏教とはどのようなものであるかを知るためにもっとも重要なのは、誕生の地で仏教がどのような展開を見せたのかをよく知ることだと確信するからです。

まずはインド仏教をよく理解していただき、それとの対比の上でわたくしたちの足下にある日本仏教を捉《とら》えることによってこそ、日本仏教の特質、歴史的意義がほんとうに深く理解できると考えるからです。

長い時間をかけてインドで作成された仏典は、時系列、つまりインド的文脈を無視したかたちで中国に入ってきました。日本仏教の側から見ますと、それを中国の偉大な学問僧たちがシャッフルし、中国的文脈のなかで整理し終えたものを、日本が頂戴《ちょうだい》したというかっこうになります。本書では、中国仏教史は、そのような観点からのみ執筆しました。ですから、もちろん、単独の中国仏教史を書けば、まったく異なる書き方になるはずです。

さて、そのインド仏教史ですが、わたくしはそれをできるだけインド思想、インド哲学全体の流れのなかで捉えようと努力しました。多くの仏教学者は、インド仏教をそれらから完全に孤立したかたちで語ろうとしますが、それはおかしいと思うのです。インド仏教も、インド思想、インド哲学の内にあるものだからです。

本書に斬新《ざんしん》なところがあるとすれば、最大のものはほかならぬこの点です。この観点からすれば、たとえば、ゴータマ・ブッダ（釈尊）は輪廻《りんね》思想を否定したと論ずるなど、言語道断、論外中の論外です。

また、わたくしは、インド哲学の研究を志してからこのかた、坐禅《ざぜん》やヨーガも実修し、三昧《さんまい》、つまり主客未分で無思考な状態を数多く体験してきました。本書で、少しくどいほど、三昧は智慧《ちえ》を得る手段ではありえないといっているのは、文献上の事実、理屈もさることながら、みずからの実体験をも踏まえてのことです。

最後に、執筆者であるわたくしの手の内、つまりわたくしの仏教にたいするスタンスを明かしておきましょう。わたくしは、宗教的には仏教徒ではなく、出世間への強いあこがれをもつアニミストです。

ですから、わたくしは、仏教については、強烈な哲学的関心はもっていますが、宗派的関心はまったくもっておりません。わが国の仏教学者のほとんどは、みずからの宗派の教義とか、わが国の仏教諸宗派が基盤にしている大乗仏教とかの視点から仏教を見ようとしてきました。ですから、従来にない本書の第二の特徴は、まさにこの点にあるといえます。わたくしが仏教を取り扱うさいにすることは、そうしたスタンスから、極力私心のないアカデミックな態度を貫くことだけです。

著者識す

わかる仏教史　目次

地図作成　小林美和子

I　仏教誕生

1．仏教が生まれたころ

輪廻思想の流行

紀元前十数世紀から北インドをはじめとしてインドを支配してきたアーリヤ人たちは、はじめのうちは、死ねばみなそろって人類最初の死者であるヤマ（閻魔《えんま》）が統治する楽園におもむくと考えていました。そのうち、生前、ちゃんとした行いをしなかった人までもが死ねば楽園に行くなどと、そんな虫のよい話はないだろうと考えるようになりました。そこで、生前の行いのよかった人は楽園へ、よくなかった人は地下深くの地獄へおもむくとされるようになりました。

永遠の楽園生活をなにがなんでもエンジョイしたいという欲望が、失楽園の恐怖を生み、そこから、よいことをすればよい来世が、悪いことをすればよくない来世が待っているという考えを導きだしたのです。この考えを、「因果応報《いんがおうほう》」思想といいます。「自業自得《じごうじとく》」の思想、といってもよいでしょう。これは、人類の思想史上まれにみる、まことに純粋な自

仏教が生まれたころの古代インド

己責任倫理思想です。あくなき欲望が高度な倫理思想を生みだしたのでありまして、たいへんおもしろいことです。

さて、アーリヤ人が侵入する以前からインドにいたいくつもの先住農耕民族は、死んだらなにかに生まれ変わり、また死んではまたなにかに生まれ変わる、つまり、生き物は、再生と再死とをえんえんと繰り返すのだという死生観をもっていました。これを輪廻《りんね》思想といいます。

紀元前八世紀ごろというのは、なにかと新思想が登場する画期的な時代なのですが、この時代に、アーリヤ人は、輪廻思想をみずからのものとし、その論理的骨組みに、因果応報思想をすえました。以来、輪廻思想は、哲学的な考察にもたえられる高度な思想として、インド全土で大流行するようになったのです。これは、古代ギリシアの輪廻思想が、論理性を与えられることなく、いつのまにか消えてなくなったのとは対照的です。

解脱へのあこがれ

今の日本人の多くは、死んでもまた生まれ変わってやりなおしがきく輪廻というものを、漠然と一種の救いのように考えています。しかし、インド人たちはまるでちがったふうに輪廻というものを見たのです。

輪廻を救いのように考える人びとは、再生ということだけに注目しています。ところが、インド人は、再死に注目したのです。人生は苦しいことばかり、そしてその苦しみのはてに死が待っている。今生《こんじょう》ではいつかは死ななければならないとはいえ、死ぬのはたった一度のことでもいやなことだ。輪廻ともなれば、再死につぐ再死で、無数回、死の苦しみを味わわなければならない。おお、なんといまわしいことか。インド人はそのように考えたのです。

そう考えると、輪廻なんてやっちゃいられない、なんとかして輪廻と永遠におさらばしたい、つまり、解脱《げだつ》したいという気持ちになるわけです。ずいぶん現世否定主義的、ペシミスティックな暗い考えだと思われるかもしれません。

しかし、輪廻ということを信じ、それを頭のなかにどっしりすえ、人生を深く考える人ならば、そういう気持ちになるのは理の当然です。輪廻ということを信じていながら、解脱を願わないとすれば、その人はなにも考えない人か、それともえらく非論理的な人だといわなければなりません。

インド人は、とても論理的なのです。なにしろ、のちに、アリストテレス論理学に匹敵する壮大なインド論理学を樹立したぐらいですから、その論理性は、情緒的な発想に流れがちなわたくしたち日本人の想像をはるかに絶するところがあります。

そこで、心あるインド人たちは考えました。

まず、紀元前七世紀に活躍したバラモン教に依《よ》り立つ哲人ヤージュニャヴァルキヤは、輪廻の原動力は、善（功徳《くどく》）であれ悪（罪障）であれ、行い（業《ごう》、カルマン）にほかならない。そして、行いに人をかりたてるものは、欲求と、その裏返しの嫌悪とであると見て取りました。

すると、欲望（欲求と嫌悪）をほろぼせば業はほろび、それを原動力とする輪廻は停止する、つまり解脱にいたるという理屈になります。そこで、欲望をほろぼす方法がさまざまに模索されました。なかでも、無念無想（欲望が生ずるわけがありません）を目指す瞑《めい》想《そう》と、欲望を力ずくで抑え込もうとする苦行とが有力視されました。

ゴータマ・ブッダは、そのどちらも修しましたが、最終的には、その欲求なり嫌悪を生みだすものはなにかといえば、究極的には、生きたいという欲求、少しむずかしげにいえば、抑えがたい衝動としての根本的生存欲（仏教用語でいえば渇愛《かつあい》、無明《むみょう》、癡《ち》。ショーペンハウアー風にいえば生への盲目的な意志）である。したがって、輪廻を断ち切るためには、とどのつまりは根本的生存欲をほろぼせばよいのだ、と。

そこでゴータマ・ブッダは、おのれがいまこのように生きていることに直接関わる事象が、根本的生存欲からどのような因果関係で結ばれているか（縁起）を冷静に観たうえで考察することに集中する新たな瞑想法を確立しました。

そして、それが可能となったのは、ゴータマ・ブッダが、ある事象とある事象とが因果関係にあるかどうかを検証する原理（因果関係検証法）を見いだしたからにほかなりません。これは「此縁性《しえんしょう》」と呼ばれました。

すなわち、「これがあればかれが成り立ち、これがなければかれが成り立たず、これが生ずればかれが生じ、これが滅すればかれが滅する」ということが精査の上確かめられれば、これなるものがかれなるものの原因であるといえる、ということです。西洋で「蓋然《がいぜん》推理」という名称で因果関係検証法を打ち立てたのは、十九世紀半ばにイギリスで活躍した論理学者にして経済学者にしてしかもまた国会議員に選挙活動費ゼロで当選するなどの実践的な政治思想家J・S・ミルですが、その中身はこの此縁性とまったく変わるところがありません。まさに驚異的なことだったのです。

こうしてゴータマ・ブッダは、こうした論理を武器に新たな瞑想に集中し、ついに解脱することに成功し、目覚めた人（ブッダ）となったのです。

のちに仏教と競合し、仏教を敵対視するようになるヒンドゥー教でも、ゴータマ・ブッダは、最高神ヴィシュヌが世界の危機を救うためにとってきた数々の化身《けしん》の一つに数えられています。ですから、今でも、ヴィシュヌ神系の寺院には仏像が安置されているのが普通なのです。

出家の出現

右にもいいましたように、解脱へのあこがれを本気でいだいた人たちは、根本的生存欲をほろぼさなければならないと考えました。

根本的生存欲をほろぼすためには、そこから出てくる欲求や嫌悪を根絶しなければなりません。それはまたとりもなおさず、善悪の業をもはや作らず、すでに作ってしまった業をほろぼさなければならない、ということを意味します。

根本的生存欲のままにこの世に生きているかぎり、つまり、ふつうの生活を送っているかぎり、こうした問題を解決することはできません。そこで、解脱を本気で求める人びとは、ふつうの生活をやめるという行動に出ることになります。こうして、ふつうではまったくないライフスタイルをとった人のことを、出家《しゅつけ》といいます。輪廻思想の大流行と時を同じくして、出家と呼ばれる人たちがどんどん登場するようになります。

「出家」という漢訳語の原語は「プラヴラージャカ」、「出ていく人」を意味します。しかし、ふつうの生活をやめて出ていくというのは、ふつうの生活（世俗生活）の拠点である家を捨てて出ていくということにほかなりませんから、「出家」という漢訳語は、なかなかよくできた訳語だということができます。

出家生活を、衣食住に分けてみますと、つぎのようになります。

ふつうの衣は身につけません。ぼろ布をつづりあわせた衣（糞掃衣《ふんぞうえ》）を着る、毛髪を編んで作った衣を着る、樹皮や葉っぱを身にまとう、極端になると、一糸まとわぬ素っ裸のまま（空衣《くうえ》）でいる。鉢ひとつをもって在家の人に食を乞《こ》う（ゆえに、「乞食《こつじき》」とも呼ばれます）。草の根や木の実を採食する。屋根の下、ベッドの上に寝起きしない。定住せずに（一所不住）さまよい歩く（ゆえに、「遊行者《ゆぎょう》」とも呼ばれます）、などなどです。

さまざまな沙門たち

インドでも、ごく古い時代には、宗教文化は、アーリヤ人、とくに、そのなかでも祭官階級を構成していたバラモンたちによって担われていました。これは、ヴェーダの宗教といわれるものですが、なにしろバラモン至上主義といいますか、ありていにいえばバラモンたちの利益ばかりをはかるようなシステムになっているため、近現代の学者たちの多くは、バラモン教（ブラフマニズム）と呼んでいます。

古来のヴェーダの宗教を忠実に守る保守的なバラモン文化圏の中心は、紀元前八〜六世紀ごろには、ガンジス、ヤムナー両河にはさまれたドーアーブ（二河）地方（デリー周辺）

でした。この地方の主要な農産物は、収穫量の安定しない小麦で、また、国家は、部族連合国家（あらっぽくいえば、西部開拓時代のネイティヴ・アメリカンの、スー族などの国家形態のようなもの）という状況にありました。

これにたいして、ガンジス河中流域（中インド）は、はるかに活況を呈していました。この地域の主要な農産物は、水耕栽培ゆえに安定的に多量の収穫が保証される米でした。その大量の米の余剰生産に支えられて、商業がさかんになり、それにつられて手工業もさかんになり、そうしたものの中心地となる巨大な都市が、つぎつぎと出現しました。都市では、はるかのちの中世ヨーロッパのギルドによく似た同業者組合が作られ、民主的に運営されました。

そして、都市のとてつもない富を背景に、昔ながらの部族連合国家の段階を超えた、はるかに高度な統治形態をもつ強大な国家が出現しました。仏典に書いてあるところによりますと、仏教が誕生したころには、「十六大国」が数えられています。

こうした地域にあっては、価値をもつのは富と権力、それを実現する個々人の才覚でありまして、生まれなどは二のつぎ三のつぎでした。むしろ、階級秩序などは、社会の発展をさまたげる不自由な規制でしかありません。規制を排した自由、これこそが中インドでは尊ばれたのです。

こうした社会風潮にうまくあうように、宗教も姿を変えていきました。バラモンだけが得をする、規制だらけのヴェーダの宗教はおおいに軽んぜられ、自由と自律を重んずる都市型の新しい宗教がつぎつぎと登場しました。そうした新しい宗教を担う出家たちは、サマナ（シュラマナ、努め励む人）と呼ばれました。漢訳では沙門《しゃもん》といいます。

沙門たちは、自由思想家などとも呼ばれ、非・反バラモン主義の立場に立って、都市の商工業者や新興国家の権力者たちの支持を得ました。その流派の数は、仏典では六十二、ジャイナ教典籍では三百六十三とされ、まさに百花繚乱《ひゃっかりょうらん》というふうでした。ゴータマ・ブッダも、こうした沙門のひとりだったのです。

仏教と似ている六師外道の教え

仏教が誕生したころ、六人の沙門が大きな教団を指導していて、仏教側からは六師外道《ろくしげどう》といわれます。その主張は、仏教とちがうところがありつつも、よく似ています。

プーラナ・カッサパは、全裸の苦行者で、この世では、どのような行いをしようとも、善も悪もなしたことにはならないと主張しました。世俗的な価値を超越するのが出家の目標ですから、出家としては当然の主張で、ゴータマ・ブッダの主張と本質的には変わりません。ただ、ゴータマ・ブッダは、初心者には善悪のけじめをうるさくいいました。

マッカリ・ゴーサーラは、厳格な戒律を立てるアージーヴィカ教団の開祖です。かれは、輪廻は定められた期間かならずつづくもので、努力しようがしまいが、馬鹿でも利口でも、ときがくるまでは解脱できないし、ときがくればみんな解脱するのだと主張しました。決定論者といわれたりしますが、戒律重視は仏教にも通じます。

アジタ・ケーサカンバリンは、万物は地水火風の四元素よりなり、善悪も来世《らいせ》もないと主張しました。唯物論者といわれていますが、案外、ゴータマ・ブッダの究極の教え、善悪の彼岸《ひがん》の教えに似ています。

パクダ・カッチャーヤナも善悪を否定し、殺す者も殺される者もないなどと主張したといいます。これも善悪の彼岸の教えと見ることができるでしょう。

サンジャヤ・ベーラッティプッタは、経験的事実から出発しない形而上学的《けいじじょうがく》な議論を、ぬらりくらりとした鰻《うなぎ》論法でかわしました。エポケー（判断中止）のなかに安心立命を求めようというのです。ゴータマ・ブッダもそうした側面をもっています（十難無記《じゅうなんむき》）。

ニガンタ・ナータプッタは、ジャイナ教の開祖マハーヴィーラのことで、ものごとは一面的に断定できないという、初期仏教と同じ不定主義を唱えました。

2．ゴータマ・ブッダの生涯

家系

仏教の開祖にはいろいろな呼び名があります。

まず、「釈迦《しゃか》」ですが、これは、おシャカさんの属した部族名「サキヤ族」に由来します。この一族は、代々、クシャットリヤ（武人）階級を自称し、伝説上の王イクシュヴァーク（甘蔗王《かんしょおう》）を祖先にもち、太陽族（日種《にっしゅ》）の家系にあるとされます。太陽族と対になるのは月族（月種《がっしゅ》）で、これは、ちょうどわが国で、（ほとんど）すべての武家は源氏《げんじ》か平《へい》氏《し》かいずれかの流れを汲《く》んでいるとされたのと同じ発想によるものです。

「釈迦牟尼《むに》」というのは、「釈迦族出身の聖者」という意味です。

「釈尊《しゃくそん》」というのが、わが国では広く用いられています。これは、おそらく、「釈迦牟尼世尊」を省略したいいかたであろうと思われます。ちなみに、「世尊」というのは、「幸あるお方」という意味で、弟子がおシャカさんを呼ぶときによく用いられました。

「ゴータマ・ブッダ」というのは、古い仏典にはでてこない名称で、近代以降の学者たちが好んで用いる呼称でしかないと思われてきましたが、釈迦族の都城とされる遺跡から、まさにそのものずばり「ゴータマ・ブッダ」という文字が刻まれた骨壺《こつつぼ》が発見されました。ゴータマ家は、釈迦族のなかでも名門の家です。はっきりした世襲制であったかどうか不明ですが、ゴータマ家は、釈迦族の国家の王を代々輩出してきました。ゴータマ・ブッダも、生まれたときから将来の王、つまり王子（太子《たいし》）と呼ばれています。

釈迦族の国家は、それほど発達した形態をもつものではなく、部族連合国家の雰囲気を強くもっています。そして、たいして大きな国ではありませんでして、隣のコーサラ国という、当時マガダ国と覇《は》を競っていた大国の属国で、ゴータマ・ブッダ存命中に、そのコーサラ国によってほろぼされるという、悲しい運命をたどりました。

誕生

ゴータマ・ブッダは、国王スッドーダナ（浄飯王《じょうぼんのう》）と王妃マーヤー（摩耶夫人《まやぶにん》）の長男として生まれました。釈迦族は、不思議なことに、交叉《こうさ》いとこ婚という、母系制社会に往々見られる結婚形態をとっています。この両親も、いとこどうしでした。

釈迦族の国の本拠地はカピラ城といわれます。これがどこにあるのか、考古学のほうではいささか見解が分かれるところがあるのですが、まあだいたい今日のネパール領で、インドとの国境に近いところにあったとしておくのが無難のようです。その途上、王家の遊園であるルンビニーで休憩します。マーヤーは、出産のため実家に帰ります。臨月となったマーヤーは、出産のため実家に帰ります。その途上、王家の遊園であるルンビニーで休憩します。マーヤーが、右手を伸ばして満開の真紅のアショーカ樹の花房に触れようとしたときにわかに産気づき、すぐに出産となりました。伝説では、手を伸ばしたほうの右の脇腹から出産したことになっています。

この伝承の真意はともかくとして、おそらくたいへんな異常出産だったようで、そのためと思われますが、マーヤーは、それから七日のちに死んでしまいます。

伝説では、天から花が降り、龍が温冷二条の水（産湯《うぶゆ》）を注いだといいます。小さな四阿《あずまや》を花で飾りたて、甘茶《あまちゃ》を誕生仏に注ぐという、誕生会《たんじょうえ》のさいに行われる花祭りの儀式は、この伝説にもとづいたものです。

さらに伝説では、ゴータマ・ブッダは生まれてすぐにすっくと立ち、麻雀《マージャン》と同じ順序で東南西北を見まわし、北に七歩あゆんで、右手を上に、左手を下にして（花祭りのさい用いられるいわゆる誕生仏は、このようなかっこうをしています）、「天上天下唯我独尊《てんじょうてんげゆいがどくそん》」（神々もふくめ、世界中でいちばんえらいのはオレだ）と宣言しました。

しかし、残念ながら、「唯我独尊」ということばは、今日では、悪い意味にしか用いられません。そんなものですから、お坊さんや仏教学者で、この傲慢《ごうまん》ともいえることばの解釈に苦労する人がけっこういます。ゴータマ・ブッダが生まれつき傲慢で鼻持ちならない人間だったようにとられては困ると、心配になってくるのです。

人によっては、人間の尊厳をうたったものだなどと、よくもまあといった珍無類の解釈をひねりだしたりしています。

しかし、じつはこれは、目覚めた人（ブッダ）となって説法を開始するために旅をしている途上、たまたま出会ったウパカという人物に向かって、ゴータマ・ブッダが高らかに自信たっぷりに宣言したことばにほかならないのです。仏伝《ぶつでん》（ブッダの伝記）の作者は、ゴータマ・ブッダを神格化するために、生まれたてのかれにそのことばを語らせたのです。この解釈はきわめて合理的でありまして、なにも悩む必要はないのです。

憂うつな若い日々

マーヤーが思いもかけぬ死にかたをしたのち、父王は、マーヤーの妹であるマハーパジャーパティーを後妻にしました。ふたりのあいだには、ナンダという男の子が生まれました。ゴータマ・ブッダにとっては異母弟にあたります。しかし、マハーパジャーパティーも父王も、ゴータマ・ブッダをたいそうかわいがりました。季節ごとにちがう宮殿を与えたりと、いささか甘やかしすぎるほどだっといいます。

ゴータマ・ブッダは、十六歳のとき、十三歳のいとこヤソーダラーと結婚します。それ以外にも、いわゆる妾《めかけ》を二、三人ほどあてがわれたともいわれています。

しかし、青年ゴータマ・ブッダは、周囲の愛情を一身に集め、なに不自由のない生活を送っていたにもかかわらず、もともと内向的な性格だったせいもあってか、ただひとりで悶々《もんもん》と悩み苦しんでいました。まるで青年期うつ病にかかっているかのようでした。

なにを悩んでいたかといいますと、それは、この世に生きることの苦しみです。

伝承によりますと、あるとき、ゴータマ・ブッダは、農夫が畑を耕しているのを見ていました。すると、土のなかから、虫が掘りだされました。これだけでも無残であるのに、あろうことか、鳥が舞い降りてきて、その虫をついばんで飛び立っていきました。この光景を目撃したゴータマ・ブッダは、生きることの苦しみと空しさに胸ふたがれ、すっかり憂うつになってしまったといいます。

自分の母親が、自分を産んですぐに死んでしまったということも、ひょっとしたら影響していたのかもしれません。ともあれ、ゴータマ・ブッダは、人は老い、病み、死ぬ、これらはまぬがれられないものだということに、悲痛な思いをいだいていました。苦しみばかりの人生を送ることに、なんの意味があるのだろうかと、悩みに悩みぬいたのです。

出家となる——大いなる道へ

いつしか、青年ゴータマ・ブッダは、出家にあこがれるようになりました。先にも述べましたように、釈迦族の国は、北インドの大街道である北路の北辺の要衝にありました。そのため、一所不住、乞食遊行の沙門たちがひんぱんに出入りしていたはずで、青年ゴータマ・ブッダも、沙門についての情報を自然にふやしていったのでしょう。

四門出遊《しもんしゅつゆう》のエピソードというのがあります。

あるとき、ゴータマ・ブッダは、城の東門から外に遊びにでた。すると、老人が目に入った。今度は南門からでた。すると、病人が目に入った。つぎには西門からでた。すると、なんと死人を見てしまった。最後に北門からでた。すると、沙門を見た。

老、病、死の苦しみを痛感して悩んだすえに、そうした苦しみから最終的にのがれる道を、沙門のなかに見てとった、というわけです。もちろん、後世の人の手になる、できすぎた話ですが、ゴータマ・ブッダが出家にあこがれるようになった心の動きを、この話はうまく物語っているといえるでしょう。

また、ある伝承（かなり後世のもの）によれば、歓楽のあとを見て、世を厭《いと》うようになったとあります。

うつうつとした青年ゴータマ・ブッダを心配して、父王は、かれに歓楽攻勢をかけた。あるとき、歓楽の夜もふけて、みんな眠りこけてしまった。ゴータマ・ブッダだけがしばらくして目を覚ました。あたりを見まわすと、若い女たちが、楽器を放りなげて眠っている。ある女たちはよだれを垂らし、ある女たちは歯ぎしりをし、ある女たちはいびきをかき、ある女たちは寝言をいい、ある女たちは口を開け、ある女たちは着衣もはだけて陰部をまるだしにしている。このようすをじっと見つめているうちに、かれは悲痛な思いをいだき、出家となることに一挙に心が傾いていった。以上です。

ところで、ゴータマ・ブッダは王子であり、釈迦族の国をリードしていくという、社会的義務をろくにはたさないままに家を捨てるというのは、犯罪的ですらあります。性の快楽を避けていたようで、いつまでも子供すらできません。

ゴータマ・ブッダも、このことゆえに、なかなか出家となるきっかけがつかめませんでした。社会人の義務をはたしおえてから出家するというのでは、気の遠い話です。そこで一念発起、かれは、やむをえない方途として子づくりに励み、そしてうまいことに、男の子をもうけました。その子は名をラーフラといいましたが、ゴータマ・ブッダは、あえてその名を不吉な意味になるように発音したといいます。すでにかれは夏目《なつめ》漱石《そうせき》を連想させる非人情の心境を得ていたのです。最低限の社会的義務をはたしたのだからもうおさらばとばかり、まもなくかれは城を出奔して出家、沙門となりました。二十九歳のことでした。

試行錯誤の六年間の修行

かなり以前、ゴータマ・ブッダは、大樹の下で瞑想し、のちに仏教でいう初禅の境地を得たことがありました。そのため、出家してからすぐ、かれは、修行方法として、瞑想の道を選びました。

当時、インド最強の力をもって繁栄していたマガダ国には、アーラーラ・カーラーマ仙という有名な瞑想家がいて、無所有処定《むしょうしょじょう》という境地が最高だと教えていました。ゴータマ・ブッダは、かれの指導を受けましたが、いともたやすくこの境地に達しました。しかし、だからといって迷いや苦しみは消えません。

つぎには、非想非非想処定《ひそうひひそうじょじょう》こそが最高の境地だというウッダカ・ラーマプッタ仙のもとにおもむきましたが、やはりいとも簡単に、その「最高の境地」なるものに達してしまいました。しかし結果は同じ、なんの解決にもなりません。

かれは、あとになってはっきりと自覚するのですが、無思考の瞑想の極致、つまり三昧《さんまい》の境地というのは、たんなる特殊な心理状態（気分は最高）にすぎないのです。無思考ですから、智慧《ちえ》など得られるはずもありません。

瞑想の道に見切りをつけたゴータマ・ブッダは、今度は、当時圧倒的に流行していた苦行の道に入りました。かれは、知り合いになった五人の比丘《びく》（出家）を友として、苦行林（タポーヴァナ）というところで、過激に苦行に専心しました。止息行《ぎょう》では、とくに熱心に行ったのは、止息と断食《だんじき》でした。止息行では、なんども仮死状態に陥りました。無茶な断食をして骨と皮だけのすごい形相《ぎょうそう》にもなりました。ガンダーラ美術の名品である苦行釈迦像は、写真だけでなく、実物をごらんになったかたも多いかと思いますが、おそらく、ほんとうにそんなふうになったようです。

目覚めた人（ブッダ）となる

ゴータマ・ブッダは、こうした激しい苦行をつづけているうちに、だんだんと苦行の有効性について疑問をいだくようになりました。いくら苦行をしても、無益な話にすぎないのではないかと考えだしたのです。

苦行というものは、苦しみにたいして心理的に耐える力を飛躍的にアップします。しかし、だからといって、苦行は、そもそも、苦しみや迷いを起こす心のメカニズムを解体できるわけではありません。

ゴータマ・ブッダは、苦しみや迷いを起こす心のメカニズムを本当に解体するものは

「智慧」であり、それは、徹底的に考えぬくという作業から生まれるのであって、苦行によってはけっして生まれないということに気がついたのです。以後、ゴータマ・ブッダの仏教の最大のキー・ワードは「如実知見《にょじつちけん》」（あるがままにものごとをとらえること）、「智慧」となります。

というわけで、ゴータマ・ブッダは、ついに苦行を捨てました。かれは、苦行林をあとにしてウルヴェーラー村に向かい、河で沐浴《もくよく》して体のよごれをきれいに落とし、村の長である牛飼いの娘スジャーター（コーヒーに入れる「スジャータ」という乳製品は、この娘の名をとったものです）が差しだした滋養あふれる乳粥《にゅうび》（ミルクで炊いたおかゆに、砂糖や蜂《はち》蜜《みつ》をまぜたもの）を食して、衰えきっていた体力を回復しました。

このさまを見た苦行仲間の五人の比丘たちは、かれは堕落した、もうぜったいに相手にすまいと語りあったと伝えられています。

さて、そのあとゴータマ・ブッダは、ネーランジャラー河の岸辺に立つアシュヴァッタの大樹の下に坐《すわ》り、禅定《ぜんじょう》（ディヤーナ、静慮《じょうりょ》）に入りました。

この禅定というのは、かれの出家修行生活の最初に習った三昧《さんまい》体験目当ての禅定主義の禅定ではなく、全神経を集中して、苦しみ、世の無常のさまのあるがままを、徹底的に観察し、考察しつくして、完全な智慧を得るためのものでした。

そして、かれは、パーリ律蔵所収の『大品《だいほん》』（マハーヴァッガ）によれば、「最初の目覚め」を得てから七日後の夜を通して根本的生存欲から今の苦にいたる十二の諸事象が織りなす十二因縁《いんねん》を順逆に観じ、すべての疑念を払い、ついに、目覚めた人、ブッダとなり、解脱の境地、涅槃《ねはん》に到達しました。成道《じょうどう》です。

これを記念して、のちに、アシュヴァッタ樹は、「目覚め（ボーディ）の樹」、つまり「菩提樹《ぼだいじゅ》」と呼ばれるようになりました。

なお、この成道は、修行中ずっとつきまとって世俗の誘惑攻勢をかけていた悪魔（おそらく、メンタルな存在ではなく、おせっかいな世俗人）を退散してなったものですので、一般に、「降魔成道《ごうま》」と、ワンセットで呼びならわされています。

「涅槃」は、サンスクリット語「ニルヴァーナ」の音写漢訳語です。これが何を意味するのかややこしい議論がありますが、すなおに「風が吹き（ヴァーナ）息《や》む（ニル）こと」「無風状態」でよいと思います。不安なとき、苦しいとき、私たちは「胸がざわざわする」とか「心が揺れる」と表現します。風が吹くと樹や草がざわざわさわぐことからの連想で、おそらく万国共通の感覚です。

また、「涅槃」の同義語に「寂静《じゃくじょう》」「寂滅」ということばがあり、そのサンスクリット原語は「息《や》むこと」「鎮《しず》まること」です。何が息み何が鎮まるのか、それは心をざわつかす煩悩の風です。複雑怪奇な解釈の入りこむ余地はありませんね。

説法を始める――大いなる教えへ

目覚めた人となってから、ゴータマ・ブッダは、菩提樹やほかの大樹の下に坐《ざ》し、五週間、みずからが到達した平安な境地を深々と味わいつづけました。

目覚めた人となったというのは、当然ながら、根本的生存欲を断ち切ったということにほかなりませんから、ゴータマ・ブッダは、生きることに意味を見いださず、生きる意志をもたないという状況に積極的に入ったわけです。したがって、かれは、そのまま、朽木が倒れるように死んでいくはずでありました。仏教とほぼ同じ時代、同じ地域に興ったジャイナ教では、今日でも、涅槃に達した人は、食を断ち、ほぼ一ヶ月ほどで、すーっとこの世から消え去ることになっています。これをサッレーカナーといいます。

しかし、ゴータマ・ブッダには、みずからが体得した境地、その境地をもたらした智慧、さらに、その智慧をもたらした修行法を、なんとかして人に伝えてみたいという気持ちもありました。しかし、その気持ちも、どんなに努力しても、そのような微妙きわまりないことを理解してくれる人はいないだろうと考えなおしてしまいました。

さてさて、ところが、ここに天地がひっくりかえるほどの大逆転が起きまして、ゴータマ・ブッダは、敢然と、説法せんとの決意を固めてしまうのです。

この大きな心境の変化を、ゴータマ・ブッダは、梵天勧請《ぼんてんかんじょう》のエピソードで説明していま す。すなわち、梵天(ブラフマーという名の宇宙創造神)が、このままでは世界に救いがなくなるとして、ゴータマ・ブッダに、説法してくれと、三度も懇請した、そこまで懇請されればと、ゴータマ・ブッダは説法する決意を固めた、というのです。

この話は、もっとも古い仏典にもでてきますので、ゴータマ・ブッダの生涯を神話化するために後世の人が捏造《ねつぞう》したというものではないようです。人は、人生の重大な岐路に立ったとき、内なる声とも神の声ともきめかねる「声」を聞くことがありますので、ゴータマ・ブッダもそのような「声」を聞き、それを最高神の懇請と直感したのでしょう。

かれは、アーラーラ・カーラーマ仙かウッダカ・ラーマプッタ仙を説法の最初の対象にしようと考えましたが、すでに両人は他界していました。そこで、かつての修行仲間の五比丘にと思い、かれらがいるバナーラス郊外の鹿野苑《ろくやおん》(現在のサールナート)へと向かいました。その途上、ウパカという修行者に出会い、自分よりすぐれた者はいない(天上天下唯我独尊)、自分は師なしに目覚めた人となった(無師独悟《むしどくご》)と語りましたが、こりゃ誇大妄想狂だと思ったウパカには通じませんでした。

そして、ゴータマ・ブッダは、予定どおり五比丘と鹿野苑で再会し、最初の説法を行いました。このことを、初転法輪《しょてんぽうりん》といいます。五比丘は、ただちに仏弟子になりました。

おもな弟子たち

初転法輪をおえたゴータマ・ブッダは、バナーラスの市中に向かい、そこで、同業者組合長の富豪の若い息子ヤサに教えを説き、感服したかれを弟子に迎え入れました。さらに、ヤサが連れてきた遊び仲間五十名ほども、弟子入りさせました。こうして、数十名となった弟子たちに、ゴータマ・ブッダは、分散して教えを広めるように命じました。ここに、仏教の最初の本格的な布教活動が開始されたのです。

ゴータマ・ブッダは、ひとり長途の旅をしてマガダ国の首都である王舎城《おうしゃじょう》(ラージャガハ)に入りました。当時、すでにマガダ国はインド随一の国力をもって栄えており、王舎城には、有名無名の沙門たちがたくさん活動していましたので、教えを説いてまわるにはうってつけの場所だったのです。

ゴータマ・ブッダの名を一挙に高からしめる事件が起きました。それは、王舎城に大きな勢力をもち、火を拝する儀礼を特徴としていた教団の指導者ウルヴェーラ・カッサパと神通《じんづう》を競いあい、ついにみずからの弟子にしたという事件です。

ウルヴェーラ・カッサパには、ナディー・カッサパとガヤー・カッサパというふたりの弟がおり、長兄にならって、つぎつぎとゴータマ・ブッダの弟子となりました。そればかりでなく、カッサパ三兄弟のそれぞれに従っていた弟子たちも、こぞってゴータマ・ブッダのもとに走りました。その数、じつに千人に上りました。ここに、ゴータマ・ブッダ率いる仏教教団は、出家からも在家からも一目も二目もおかれる教団になったのです。

さらに、王舎城には、先に述べました六師外道のひとりサンジャヤを指導者とする大きな教団がありました。その高弟であるサーリプッタ（舎利《しゃり》弗《ほつ》）が、五比丘のひとりアッサジとの問答で大いに感ずるところがあり、同じくサンジャヤの高弟であるモッガッラーナと語らって、ゴータマ・ブッダのもとに弟子入りしました。それを知ったサンジャヤの徒二百五十名も、こぞってゴータマ・ブッダのもとに走りました。弟子をみんな奪われたサンジャヤは、悲憤のあまり血を吐いて死んだといわれていますが、じっさいには、そのころにはすでに他界しており、教団はサーリプッタが指導していたようです。

釈迦族の国は、北路の要衝にあるため、毎年のように遊行の途上でゴータマ・ブッダはここを訪れ、親類縁者を弟子にしています。なかでも、いとこのアーナンダは、かれの付き人（侍者《じしゃ》）として、最後までずっとゴータマ・ブッダと行動をともにした重要人物です。また、継母は、仏教における女性の出家（比丘尼《びくに》）第一号、かつての妻は第二号となりました。

マハーカッサパ（摩《ま》訶《か》迦葉《かしよう》）は、サーリプッタの死後、かれになりかわって、仏弟子たちを統括する、いわば実働部隊の隊長のような重要な働きをしました。

おもな在家信者たち

出家というのは、労働して稼いでたくわえてというのはご法度《はっと》で、いってしまえば、無為徒食のやからであります。仏教の出家教団が組織としてちゃんとやっていけるためにも、食事を中心とした在家信者たちからの大きな支援が必要でした。

最初の在家信者は、ヤサやその仲間の両親たちで、かれらはみな裕福でした。

ただ、特筆すべき大パトロンとしては、マガダ国王ビンビサーラの名をあげておかなければなりません。修行者時代のゴータマ・ブッダのりりしい姿を見て、ぜひ自分の家臣になってほしいと願いでたという伝説がありますが、それはさておき、カッサパ三兄弟とその弟子千人をしたがえて威風堂々と王舎城を歩くゴータマ・ブッダに感服した王は、かれから教えを聞くや、ただちに熱心な信者となり、王舎城の郊外にある王家所有の竹林園を寄進しました。これが仏教最初の精舎《しょうじゃ》（ヴィハーラ、「一時滞在所」の意）です。ゴータマ・ブッダは、煩悩《ぼんのう》（心を苦しめるもの）がびっしりからみあって解きほぐしがたいことを、竹が密生しているさまによくたとえますが、このたとえは、ひょっとして竹林園で思いついたものかもしれません。

つぎに特筆すべき大パトロンは、コーサラ国の首都サーヴァッティー（舎衛城《しゃえいじょう》）の大富豪スダッタ（須達長者《しゅだっちょうじゃ》）、通称アナータピンディカ（給孤独《ぎっこどく》長者、身よりのない人びとに食事を提供する人の意）です。かれは、舎衛城のジェータ王子所有の園林を、大金でもって買いとり、ゴータマ・ブッダに寄進しました。これが、かの有名なジェータ林（祇園精舎《ぎおんしょうじゃ》、祇樹給孤独園《ぎじゅぎっこどくおん》）です。

種々さまざまな人が在家信者となりましたが、ゴータマ・ブッダの最晩年には、リッチャヴィ族の国の首都ヴェーサーリーの高級娼婦《しょうふ》（よって金持ち）アンバパーリーの熱烈な帰依《きえ》も受けています。かの女は、のちに、仏教の比丘尼になりました。

完全な涅槃に入る──大いなる死

齢《よわい》八十となったゴータマ・ブッダは、王舎城を出発し、ガンジス河を渡り、例年どおり北路を北へ北へと旅していきました。この途上、かれは、病を得て命を失うことになります。

このころ、ゴータマ・ブッダは、いわばご隠居といったふうで、多数の弟子たちの監督指揮はマハーカッサパにまかせており、いつもいっしょというのは、いとこのアーナンダだけでした。身軽といえば身軽でありました。

パーリ『涅槃経《ねはんぎょう》』（『マハーパリニッバーナ・スッタンタ』）や漢訳『遊行経《ゆぎょうきょう》』には、ゴータマ・ブッダのこの最後の旅のようすが詳しく述べられています。関心のあるかたは、パーリ『涅槃経』の現代語訳（中村元『ブッダ最後の旅』岩波文庫）を、ぜひごらんください。ここでは、ごくかいつまんで紹介するだけとします。

ゴータマ・ブッダは、リッチャヴィ族の国の首都ヴェーサーリー近郊の村で雨安居《うあんご》（雨季のあいだ、うろちょろして蟻などを踏み殺さないように、一個所に定住して移動しないこと）に入りましたが、そのあいだに、体に「死ぬほどの激痛」が走る重い病にかかってしまいました。まだ教えを完全に受けていないのにと不安がるアーナンダにむかって、ゴータマ・ブッダは、自分はだれかれの隔てなしに教えを説いた、自分には、なにかを隠すような教師の握りこぶしはないのだと語りました。このことばは有名です。本当の教えは、公開せず、ある特定の人物にだけこっそりと教えるというのが当時はふつうでありまして、したがって、ゴータマ・ブッダの教授法は、たいへん斬新《ざんしん》だったのです。

さらにかれは、自分なきあとは、「みずからを島（中州）とし、みずからをたよりとし、他人をたよりとせず、正しい教えを島とし、正しい教えをよりどころとして、他のものをよりどころとせずにあれ」と諭しました。これは遺言のひとつとされます。迷いと苦しみのこちら岸（此岸《しがん》）から、迷いと苦しみのないあちら岸（彼岸）へ教えを筏《いかだ》としながらも自力で渡れ、との意です。

このあと、悪魔ナムチと称せられるおせっかいな世俗人が、もう弟子も育ったことでもあるし、そろそろこの世とおさらばしたらどうかと誘ったところ、かれはあっさりと承諾したといいます。目覚めた人は永遠の寿命があるのだが、自分の意志で死ぬ（任意捨命《しゃみょう》）ことができるという神話に仕立られていますが、真相は、ただたんに、死期が近づいた、思い残すことはないと考えた、ということなのでありましょう。

病はいったん癒《い》えて旅をつづけましたが、鍛冶工《かじこう》チュンダがだしたきのこ料理を食してから鮮血をほとばしらせる下痢をもよおし、ついに、クシナガラの地の真白に満開した二本のサーラ樹（沙羅双樹《しゃらそうじゅ》）のあいだに身を横たえて死にいたりました。完全な涅槃《ねはん》に入ったのです。

最後の教えは、「ものごとは過ぎ去るものである。怠ることなく修行を完成しなさい」というものでした。これが最終的な遺言となりました。

3．ゴータマ・ブッダの仏教

どうやって目覚めるか——戒定慧の体系

ゴータマ・ブッダは、あまり教科書風に体系だった教えかたをしませんでした。それは、成立のもっとも古い経典、たとえば『スッタ・ニパータ』（中村元訳『ブッダのことば』岩波文庫）などを通読してみればよくわかります。しかも、そうした経典には、いかにも仏教らしいと見てとれることばは案外少なく、当時の沙門《しゃもん》たちが共通して用いていた表現を多用しています。ですから、古いジャイナ教の経典にでてくる表現とも、かなりの程度よく似た表現が用いられています。それでも、ゴータマ・ブッダの教えには、やはりゴータマ・ブッダ独特のものがありますし、よくよく見れば、ゴータマ・ブッダが編みだしたと考えられる体系が読みとれます。

ゴータマ・ブッダが編みだした体系らしいもの、そして、まさしくこれぞ仏教の体系といえそうなものとして、まずは、戒定慧《かいじょうえ》の体系というものをあげなければなりません。

戒定慧の体系というのは、どのようにして目覚めた人となり、最終的な解脱《げだつ》にいたるかという道筋を示したもの、実践法のことです。

戒とは戒律のことで、この場合には、とくに出家が守るべき生活規定のことを指します。戒律の目的は、悪を抑止することにあります。

善悪というのは、世俗世界の価値であって、解脱を目指す出家は、究極的には善悪をともにほろぼした、といいますか、善悪を超越することが目標となります。

先にも見ましたように、六師《ろくし》外《げ》道《どう》のうちの幾人かは、善悪の超越、価値のニヒリズムを表明しています。しかし、出家になりたての初心者に、いきなり善も悪もないと教えてしまいますと、その人はなにをしでかすかわかったものではありません。

ゴータマ・ブッダは、出家となってまだ日の浅い人びとには、善を行い、悪をやめよと厳しく説きました。このあたりは、かれのわりあい独自の考えではなかったかと思われます。かれは、善を行えば心は落ち着くが、悪を行えば心が乱れるといっています。心が乱れていては、修行に集中することがむずかしくなります。

一般に「七仏通戒偈《しちぶつつうかいげ》」と呼ばれる、起源の古いつぎのような詩があります。

「諸悪莫作《しょあくまくさ》（もろもろの悪を行ってはならない。）

衆善奉行《しゅぜんぶぎょう》（もろもろの善を行え。）
自浄其意《じじょうごい》（そうしてみずから心を浄《きよ》らかにせよ。）
是諸仏教《ぜしょぶつきょう》（これがもろもろの目覚めた人の教えである。）」

これは、ただたんに善悪のけじめをつけよといっているのではなく、そうすることによって心の乱れをなくすことを目指せといっているのです。善悪のけじめは、目的ではなく、あくまでも手段なのです。とはいえ、絶対に必要な手段なのです。

戒律によって心が乱れなくなって、ようやく定、つまり禅定《ぜんじょう》（瞑想、精神集中）がとどこおりなく行えます。またあとで詳しく触れますが、ゴータマ・ブッダの禅定というのは、しばしば誤解されるように、三昧《さんまい》という無思考の極致を目指すものではなく、逆に、観察しぬき、考察しぬくことを意味します。この禅定によって、この世の根本的事実、あたりまえの事実を事実としてしっかりと受けとめます。そりゃそうでしょうと、頭だけで、またその場かぎりで理解するのではなく、骨の髄の髄までしっかりとしみこませ、事実の理解を不動のものにするのです。

このように、禅定によって、人は、ただの知識でない智慧を獲得します。これが慧です。完全な智慧を獲得したとき、人は目覚めた人となる、という寸法です。

苦楽を離れた中道という立場

ゴータマ・ブッダは、出家となる以前は、もちろんのことながら世俗の在家でした。世俗生活を支配するのは快楽原理です。自分にとって気持ちのよい、都合のよい状況を作ることに励み、いやなことは避けようとします。とくに、青年ゴータマ・ブッダは、父王から歓楽攻勢を受けていました。うつうつとしてあまり楽しんだふうではありませんが、ゴータマ・ブッダは、その歓楽を、受動的とはいえ享受していたわけです。

快楽原理といいましたが、仏教風、あるいはゴータマ・ブッダ風にいいなおしますと、それは、欲望（貪《とん》）と嫌悪（瞋《しん》）と、それの発動源である抑制しがたい衝動、つまり根本的生存欲（癡《ち》）に身をゆだねるということです。この三者は、貪瞋癡《とんじんち》の三毒と称せられるもので、ほかのあらゆる煩悩《ぼんのう》を引き起こすもとであるとされます。煩悩にもとづいて人はさまざまな行為に走ります。行為とは、すなわち業のことですから、輪廻転生《りんねてんしょう》の原動力にほかなりません。快楽原理から解脱は決してできません。

また、快楽原理は、臭いものにはふたといったように、厳然としてあるこの世の事実をちゃんとした事実としてしっかりと受けとめることを妨げます。人生は無常で、たとえば、どんなに長生きしてもせいぜい百歳ぐらい、それどころか、一寸先の命の保証もありません。これは厳然たる事実です。だれでも、これは事実でしょうといわれれば、そりゃそうだと、その場では納得しますが、その程度の納得は、すぐさま脳裏から消え、忘れ、あたかも死ぬのは他人で自分ではないかのように思いこんで日々を過ごします。

快楽原理に身をゆだねているかぎり、端的な事実をまさに事実としてしっかり受けとめる(如実《にょじつ》に知見《ちけん》する)ことはできません。つまり、快楽原理からは、智慧は絶対に生まれないのです。

では、出家となったならばどうでしょう。ゴータマ・ブッダ当時の出家の修行法としては、苦行が圧倒的に優勢でした。苦行に邁進《まいしん》していますと、快楽主義から完全に離れ、いかにも解脱への正しい道を自分が歩んでいると考えたくなります。

苦行は、さまざまな苦しみに耐える力を身につけさせてくれますし、心も強くなります。しかし、苦行は、そもそも、苦しみ、迷いを生じさせる心のシステムを解体することはできません。なぜなら、苦行をやっているときは、苦行に専心するのみで、そのほかなにも考えません。無思考なのです。厳然たるこの世の事実を観察、考察するのではなく、そうした事実からひょこひょこでてくる苦しみや迷いを、まるでモグラたたきのようにたたきつづけるのが苦行にほかなりません。これでは、モグラの出現を最終的にストップさせることはできません。つまり、苦行では、智慧は生まれないのです。

智慧とは、この世の事実をしっかり見据え、輪廻の仕組みを明らかに見てとる能力のことをいいます。この能力が完全に身につけば、輪廻の究極的原理である根本的生存欲をほろぼすこと、つまり生存への根本的執著《しゅうじゃく》を断つことこそが解脱への唯一の方途であることがはっきりとわかり、そしてまた、その生存への根本的執著を断つしかたも、おのずから明らかになり、また、おのずからそのしかたを実践しつくしていくことになります。

智慧は、快楽主義でもなく苦行主義でもなく、そのどちらにも偏らない第三の道、すなわち中道によってこそ得られると、ゴータマ・ブッダは強調しました。これは、かれの実体験に深く根ざしている基本的な考えかたにほかなりません。

具体的には、中道は、適正な戒律によって身をよく修め、事実を事実として観察、考察しつくす禅定に精励することを意味します（くどいようですが、無観察、無思考の三昧目当ての禅定では、智慧はけっして得られません）。

教義の中核――四聖諦説と縁起説

では、この輪廻の世の厳然たる事実とは、根本的にはなんなのでしょうか。そのようなものをもたらす根源はなんなのでしょうか。また、それを超越する道はなんなのでしょうか。こうしたことを、コンパクトにまとめた教えが、四聖諦説《ししょうたい》です。この説は、ゴータママ・ブッダの滅後にまとめられたとする人もいますが、ゴータマ・ブッダ自身がめずらしく体系的にまとめた説だと考えて大過ないように筆者には思われます。

四聖諦とは、四つの厳然とした真実という意味です。順を追っていけば、それは以下のとおりです。

一、苦聖諦。この世が苦しみに満ちあふれていることは厳然とした真実だということです。ゴータマ・ブッダ以来、仏教はとりわけ苦を強調してやみません。それをまとめたものが四苦八苦というもので、このまとめかたは起源のたいへん古いものです。

生まれるときの狭い産道を通過するときの苦しみが生苦《しょうく》。老いの苦しみが老苦。病の苦しみが病苦。死の苦しみが死苦。以上が、生老病死の四苦で、いわば、生き物であれば避けて通れない生理的な苦だということができます。

さらに、愛するものといつかは別れなければならない苦しみが愛別離苦《あいべつりく》。いやな人ともつきあわなければならない苦しみが怨憎会苦《おんぞうえく》。ほしいものが手に入らない苦しみが求不得苦《ぐふとくく》。以上が心理的な苦しみです。最後に、以上をまとめて、身心が活動していること、つまり生きていることそのものが苦しみであるというのが、五陰《ごおん》（五蘊《ごうん》、つまり身心《しんじん》）盛苦《じょうく》。以上を、先の生理的な四苦とあわせて八苦といいます。

たしかにこの世とはそうしたものでして、そのことを見つめつづければ、仏教徒ならずとも厭世的になるのがよくわかります。

二、苦集《くじゅう》聖諦。苦があるのは、それを生ずる原因があるのであり、それは、根源的には渇愛《かつあい》（根本的生存欲）にほかならないというのは真実だということです。輪廻の生存は苦にほかならないわけですが、輪廻の原動力は善悪の行為（業《ごう》）であり、その根源的な原動力は根本的生存欲だというのは、すでに見てきたとおりです。

三、苦滅聖諦。苦の根源的な原因である根本的生存欲を絶てば、苦は滅するというのは真実だということです。これはなるほどもっともなことです。論理的な話であります。

四、苦滅道聖諦。じっさいに根本的生存欲を絶って苦を滅する道があるというのは真実だということです。その道とは、苦楽を離れた中道で、具体的には八聖道《はっしょうどう》（八正道）という修行法だといいます。八聖道を列挙して説明するのはよしておきますが、ようするに、しっかりと身を修め、しっかりと教えを頭にたたきこみ、しっかりと精神集中してこの世の事実を観察、考察しつくすことにほかなりません。

以上の四聖諦のうち、苦集聖諦と苦滅聖諦とは、いわゆる縁起説の要諦《ようたい》を示したものです。縁起というのは、「縁《よ》って起こる」という意味で、仏教では、ものごとをそのような観点から見ます。ものごとにはそれを引き起こす原因があると観察するのを、縁起の順観といい、原因を絶てばその結果は滅びると観察するのを、縁起の逆観といいます。

ゴータマ・ブッダは、縁起説（とくに、根本的生存欲から輪廻の苦しみを十二の事象の因果関係を示す十二因縁《いんねん》）については、みずからが目覚めた人ブッダとなったときの回想の中で、たまに詳しい説明抜きに言及するだけでした。

十九世紀の半ば、スコットランド系イギリス人で、幕末維新の日本にも大きな影響を及ぼしたJ・S・ミルという人物は、蓋然推理という名の因果関係検証法を説明するさいに、内科医の診察法にしきりに言及していますが、これは偶然ではなく、ゴータマ・ブッダの此縁性という名の因果関係検証法も、まず間違いなく内科医の診察法を元に考案されたものです。ゴータマ・ブッダは、釈迦族の国の御典医だったジーヴァカをたいへん尊敬しており、何かにつけてはジーヴァカを相談相手としました。

ゴータマ・ブッダが人びとに教えを説くさい、最勝の教えは四聖諦であると繰り返し繰り返し強調しました。

苦聖諦は、症状（四苦八苦）を正確に把握することに相当し、苦集聖諦は、そうした症状を引き起こす根本的な原因を把握することに相当し、苦滅聖諦は、その原因なるものを除去すれば症状がおさまることをさらに確認することに相当し、苦滅道聖諦は、そのために処方することに相当します。全体としましては、十二因縁の起点と終点を順逆に観察することを中心にしています。

名医は、病理学やその基礎となる細胞生物学を熟知していますが、その詳細を患者に説明することはありません。患者は、確かな実績のある医師を信頼し、必要最低限の情報で十分に満足します。それで病気が治るのですから、何も問題はありません。

ゴータマ・ブッダはしばしば「医王」と呼ばれますが、ただの譬喩《ひゆ》ではけっしてないことに注意すべきでしょう。

ゴータマ・ブッダは三支や五支などの縁起を説いただけで、十二因縁説は弟子や孫弟子がまとめたもので、此縁性は「縁起の定式」で、さらに後世に成るものだと説明されることが多々ありますが、真相はこのまったく逆でして、まず因果関係検証法である此縁性という武器を手に入れて、根本的生存欲から輪廻の苦しみにいたる十二の事象を因果関係の鎖でつなぐ十二因縁を確定したあと、実際に人びとに教えを説くときにはその簡略形にしてきわめて有効な四聖諦を最高の教えと定めたのです。各支縁起は、理解力の優れた弟子に、必要最低限の因果関係の鎖を示したものにほかなりません。本末転倒はいただけませんね。

無常と非我

右の四聖諦説は、人生の苦を見据えることが基本になっています。そして、人生が苦だということをさらに納得させる補助手段として、無常観と非我観とが説かれます。

諸行無常《しょぎょう》などというと、古代ギリシアの哲学者ヘラクレイトスがいった「万物は流転《るてん》する」ということばを思いだし、なにやらむずかしい形而上学の匂いを感じるかもしれませんが、ゴータマ・ブッダがいう無常というのは、人の寿命はたいして長くない、しかも、ほんの少し先の命の保証もないという、しごくあたりまえの事実を指したものです。

簡単な話なのですが、人は、これをすぐに忘れてしまいます。自分や自分の愛する人たちの死をまのあたりにして驚き、悲しみ、苦しむのは、こんなあたりまえの事実すら、人は骨身にしみるまできちんと理解していないからなのです。無常ということが骨身にしみるまでわかっていれば、人生の無常に苦しむことはないのです。

また、修行者の場合、人生の無常がよくわかっていないと、まあそのうち、今日はよして明日まわし、などと、怠惰に陥るあやうさがあります。無常ということが骨身にしみてわかっていれば、一心不乱に修行に打ち込もうという気持ちになるものです。ですから、ゴータマ・ブッダの最後の遺言も、無常だから修行に励めといっているのです。

ちなみに「諸行無常」とは、「すべての作られたものは無常である」ということでして、「この世の一切合財無常でないものはない」ということではありません。作られたのではないものはその限りにあらずなのです。この点、よく誤解されますのでご注意を。それでもなお一言、「この世の一切合財は無常である」とおっしゃるならば、その主張自体も無常だということになりますね。自己矛盾もよいところではありませんか。

ところで、今見ましたように、人生の無常など、ごくあたりまえの事実です。ところが、人は、根本的生存欲のため、この事実がくらまされてしまうのです。なにか自分には常住なもの、不変なものがあるような錯覚にふととらわれてしまうのはこのためです。

当時のインドでは、われわれには、生死を超えて常住不変な自己の本体（アートマン、我《が》）があるという思想が広く行われていました。ゴータマ・ブッダは、真実の自己に目覚めることなく、我ではないものを安易に我だと思いこんでしまうことが、無常という事実をわかりにくくさせ、そのため、いつまでも人を苦しめることになると考え、簡単に我なるものなどあると思ってはならないと諭しました。

ゴータマ・ブッダは、この世にこうしてあるおのれなるものを、身心を構成する五つの集合的要素（五蘊《ごうん》）に分け、そのどれもが我ではないとする、いわゆる「五蘊非我説」を展開しました。

つまり、五蘊のいずれかが我であるならば、人はその部分において永遠に生きます。すると、人生の無常などなく、悲しみも苦しみも生じないはずです。しかし、事実はまったくそうではありません。ですから、五蘊のどれも我ではない、というのです。

仏教の教義の中核は「無我説」にあるといわれます。しかし、ゴータマ・ブッダなどの最初期の仏教では、あくまでも「非我説」なのです。ゴータマ・ブッダは、我というものは存在しないとはいいませんでした。かといって、かれは、我の存在証明のような、形而上学的な議論をまったく展開しませんでした。むしろ、そうした問題には沈黙したのです。これを無記《むき》（捨置答《しゃちとう》）といいます。世界は時間的に、あるいは空間的に無限なのか有限なのかという問題にも、かれは同様の態度をとりました。経験的事実を出発点としない形而上学的議論は、はてしない水かけ論に陥ることをかれは熟知しており、弟子にもそのような形而上学的議論にかかわるなと強くいましめています。

じつはこうした考えは、ゴータマ・ブッダの時代を約百年さかのぼる時代にそのゴータマ・ブッダが活動した地域に重なるように活躍した哲人ヤージュニャヴァルキヤの認識論哲学を承《う》けたものなのです。

それによりますと、認識は、認識主体（アートマン、self、自己、我）が認識対象（世界の森羅万象）を捉《とら》えることで成り立ちます。ところで、ここがもっとも肝腎《かんじん》のところですが、認識主体は、まさに認識主体であるがゆえに認識対象とはなりえないのです。「認識主体を見つけた」として、見つけた認識主体は何なのでしょうか。後世の譬喩《ひゆ》でいえば「刀はみずからを切ることができない」ということです。ここからただちに、世界の森羅万象は自己ではないという結論が出てきます。身心は世界に属します。ですから、自分の身心を自己だと見ることはとんでもない錯覚だということになります。

「我執《がしゅう》」は、あらゆる煩悩の中核を成しますが、我執の対象は身心をはじめとする世界なのでありまして、自己ではありえないのです。経験的に知ることのできない自己に、どうして執著することができるでしょう。五蘊《ごうん》（身心）こそが我執の対象であることを強調するために、ゴータマ・ブッダがしばしば「五取蘊《ごしゅうん》」（取る＝執著する対象である五蘊）という言い方をするのはそのためです。

後世の仏教徒たちは、結局、このゴータマ・ブッダの態度の真意が理解できなくなり、五蘊のどれも我ではないならば、しょせんどこにも我は存在しない、と、じつに安易な議論にはまりこんでしまいました。

「無我」といってもかまいませんが、それは、我執《がしゅう》を払うなど、あくまでも実践的観点からのみ意味のあることで、理論としてしまってはただのがらくたにすぎません。

帰依すべき三つの宝――仏法僧

仏教の出家となったり、在家信者になったりするための条件というものは、時が移るにつれて少しばかり変化していきます。

ゴータマ・ブッダが説法を始めた最初のころ、その条件というものは、きわめて簡単なものでした。すなわち、ゴータマ・ブッダの説法を聞いて感激した人は、ゴータマ・ブッダに向かって、わたくしはあなたさまに帰依《きえ》いたします、とだけいえばそれでよかったわけです。出家になる、つまりゴータマ・ブッダの弟子として認められるためには、その人が出家してもその人の一家が路頭に迷うことにはけっしてならないなど、いくつかの条件がととのっていなければならないということもありましたが、在家の信者になるには、べつにほかの条件などなくてすみました。

ゴータマ・ブッダの仏教の教団がかなり大きな勢力をもつようになりますと、在家の信者になるための最低条件は、少しレベル・アップするようになります。それは、仏《ぶつ》と法と僧との三つの宝に帰依いたしますと宣言しなければならなくなったのです。これを「三帰依」といいますが、そのひとつひとつについて、以下に簡単に説明しておきます。

一、仏というのは、ブッダのことです。意味は、目覚めた人ということで、覚者《かくしゃ》という漢訳語もあります。夢やまどろみにたとえられる迷妄から目覚め、この世の真実をあますところなく見すかした人、それがブッダ、仏です。

もともと、ブッダというのは、固有名詞ではなく、普通名詞でした。ゴータマ・ブッダの時代、自他ともにそのような境地に達したと認められる人は、一種の尊称としてそう呼ばれたのです。仏弟子のサーリプッタなども、ほかの教団からはブッダと呼ばれていました。ただ、仏教の場合でいいますと、最初期には、帰依すべき三つの宝のひとつとしてのブッダは、ゴータマ・ブッダその人だけを指しました。

したがって、そうした意味でのブッダは、ゴータマ・ブッダが、三十五歳で菩提樹《ぼだいじゅ》の下でブッダとなった、そのときに出現したということとなります。

二、法というのは、ダルマのことです。「ダルマ」は、「保持する」を意味する動詞持根「ドゥリ」から作られた名詞で、「保持する力をもつもの」を意味します。世界をかくあらしめている法則・真理・正しい教え（単数形でしかない）や、この世界を構成する事象（たいがい複数形）など、文脈ごとにいろいろな意味を持ちます。

ダルマは永遠の理法でゴータマ・ブッダ個人を超えたものだという解釈もありますが、それは後世になってからの解釈で、ゴータマ・ブッダ在世のときには、そこまでは考えられていませんでした。したがって、そうした意味でのダルマは、鹿野苑《ろくやおん》でゴータマ・ブッダが説法を開始したときに出現したことになります。

三、僧というのは、サンガ（僧伽《そうぎゃ》、略して僧）のことで、出家の集まり、つまり、狭い意味での仏教教団ということです。サンガの構成員は出家だけでして、在家信者は、それに物質面や労働面でサービスすることを主な役割とします。

ゴータマ・ブッダの時代、サンガとは、構成員がみな同じ発言権をもち、合議制で運営される組織一般のことを指しました。貴族たちが合議制で運営する国家も、組合員たちが合議制で運営する同業者組合も、みなサンガ（あるいはガナ）と呼ばれていました。ゴータマ・ブッダは、自分のもとにできあがった出家の集団という組織を、こうした社会背景をよく見て、サンガとして位置づけたのです。したがってかれもまた一出家である以上、サンガのリーダーだとはいえ、独裁者として振る舞うことはありませんでした。

在家が守るべき戒——自発的な努力目標

右に、仏教の在家信者となるための最低条件は、仏法僧の三宝への帰依を宣言することだといいましたが、ゴータマ・ブッダは、あるころから、在家信者に、プラス・アルファを要求するようになりました。それが戒です。

戒の原語はシーラで、原義は、漢訳語の「戒」ほどいかめしいものではなく、心的傾向、心的習性といったことです。仏教しか勉強していない人は、インドの文献に、たとえば「クローダ・シーラ」とあると、「怒りを戒とする人」なんて訳したりしますが、これは正しくは、「怒りっぽい人」を意味します。

ゴータマ・ブッダは、在家信者にぜひ身につけてほしい心的習性（戒）を五つ立てました。五戒と呼ばれているものです。それは以下のとおりです。

一、不殺生《せっしょう》戒。生き物を殺したり傷つけたりしてはいけない。
二、不偸盗《ちゅうとう》戒。与えられないものをとってはならない。
三、不妄語《もうご》戒。嘘をついてはならない。真実のみを語りなさい。
四、不飲酒《おんじゅ》戒。酒を飲んではならない。
五、不邪婬《じゃいん》戒。配偶者以外のものと性的な交わりをしてはならない。不倫はだめ。

ジャイナ教には、五大誓戒《せいかい》というのがあり、仏教の五戒律とよく似ています。ただ、ジャイナ教の場合は、不飲酒のかわりに、無所有《むしょう》という項目になっています。ジャイナ教の出家は文字どおり無所有（したがって、原則として一糸もまとわぬまっ裸）です。しかし、在家信者の場合は、そういうわけにもいかないので、自分で所有財産の上限を自主的に決め、それを上回る財産は教団に寄進することを意味します。

ところで、戒というのは、在家信者が身につけるべき心的習性のことですから、それは、あくまでも自発的なものでなければなりません。したがって、戒を破ったからといって、なんの罰則もありません。じっさい、在家信者が不殺生戒を完璧《かんぺき》に守ることは困難です。

戦争をする武人や漁師などならなおさらのことです。また、ゴータマ・ブッダの最晩年には、アンバパーリーという高級娼婦《しょうふ》が仏教の在家信者になっていますが、娼婦であるからには、不邪婬戒など守れるはずもありません。それでもゴータマ・ブッダは、かの女が仏教に帰依することを認め、ていねいに教えを説いています。

こういうことからして、在家信者に与えられた五戒という課題は、やはり、あくまでも努力目標、あるべき理想の心のありかたといったふうのものだと考えるべきでしょう。なるべく殺生はしないようにしよう、といった感じです（もっとも、なるべく不倫はしないようにしよう、というのは感心しませんが）。

ゴータマ・ブッダは、熱心な在家信者には、この五戒以外の戒をも守るように勧めています。それは、八斎戒《はっさいかい》というもので、新月と満月の日に、出家たちが、戒律確認会議を行う集会（ウポーサタ、布薩《ふさつ》）を開くのにあわせて、在家信者も少しばかり出家のまねごとをすることです。八斎戒は、右の五戒プラス三戒よりなります。その三戒はつぎのとおりです。

六、午後になったら食事をしてはならない。

七、花環をつけたり、芳香を用いてはならない。

八、ベッドはだめで、床の上にじかに横たわらなければならない。

また、八斎戒を行う場合には、五戒のうちのひとつである不邪婬戒は、不婬戒となります。不倫どころか、配偶者相手であっても、このときばかりは性的行為はいっさい行ってはならないとするものです。

出家の戒律――罰則つきの厳しい掟

出家が守るべき戒律というのは、「ヴィナヤ」を原語とし、たわめ導くもの、矯正といったあたりを原義とします。これは、戒（シーラ）というのとまぎらわしいので困りものなので、ただ「律」とのみいったほうがよいのかもしれません。

出家の戒律は、在家の戒とかなりちがいます。といいますのも、在家の戒は、あくまでも自発的なものであって、それを守らなくとも罰則がないのにたいして、出家の戒律は、外から強制されるもので、それを破れば、さまざまな罰則が科せられることになっておりまして、とても厳しいものなのです。善悪をわきまえ、身心を厳しく律しなければ、心を澄まして修行に専念することなどできないからです。

戒律という規則をまとめたものを波羅提木叉《はらだいもくしゃ》（戒本）といいます。比丘《びく》は二百五十戒、比丘尼《びくに》は三百四十八戒といった多数の戒律が、それを破ったときの罰則別にまとめられ、並べられています。それを簡単に見ておきましょう。

もっとも重い罪になるのを波羅夷《はらい》といいます。これは、サンガからの追放のことです。異性と性的関係を結ぶこと、盗みをはたらくこと、人を殺すこと、きわめて悪質な大きな嘘をつくこと、以上の四つが、この規定のなかに入ります。なお、いったんこのような罪を犯してサンガから追放されましたら、たとえどんなに改悛《かいしゅん》しても、二度とふたたび仏教の出家となることは許されません。ですから、だれかを出家と認めるときには、かつて波羅夷を犯したことがないかどうかが厳しくチェックされます。

つぎに重いのが僧残《そうざん》といわれるものです。性的な問題行動を起こすこと、サンガを分裂させようとすること、波羅夷の罪をかぶせようと無実の人を中傷することなどが、これにあたります。この罪を犯した人は、みんなの前で懺悔《さんげ》したのち、七日間の謹慎蟄居《ちっきょ》が命ぜられます。

つぎには、不定《ふじょう》という罪があります。比丘が女性といっしょにいたという場合がそれにあたります。ただし、ただ偶然、ちょっと不注意であっただけなのか、性的行為に関わるようなことをしたのかによって、処分のしかたはかわります。証人の証言しだいで罰則がかわるので、不定というのです。

つぎには、捨堕《しゃだ》という罪があります。これは、出家として所有してはならないものを所有した場合に適用される罪です。たとえば、衣は三枚までと決められています。それ以上に衣を所有することが認められるのは一定の期間だけで、それを過ぎて所有していてはいけないことになっています。ましてや、金銀財宝を所有したり売買することなど、とんでもないことです。こうした罪を犯した人は、その所有物を放棄したうえで、深く懺悔しなければなりません。所有についての制限はとてもうるさいのです。そういう厳しい制限をしなければ、欲望を抑えることはできません。小欲知足が仏教のモットーなのです。

つぎには、波逸提《はいつだい》という罪があります。これは、そう重大ではない嘘をついたり、他人の悪口をいったりなどすることで、いわば軽犯罪です。懺悔すれば許されます。

つぎには、悔過《けか》という罪があります。もらってはいけない食物をもらったときの罪のことで、これも軽犯罪です。

つぎには、悪作《あくさ》（突吉羅《ときら》）という罪があります。これは、乞食や説法や食事のさいにおしゃべりに興ずるなど、お行儀のよくないことをするという罪です。たとえこうした罪を犯しても、ただ心のなかで懺悔すればすむとされています。

ほかにも罪の規定がありますが、以上の五つが中心的なものです。

デーヴァダッタが反逆したわけ

説法を開始してからしばらくのあいだは、とくに戒律というものはなく、出家生活の常識にしたがっていればそれでよしというふうだったようです。しかし、仏教の出家の数が増大するにつれ、いろいろな不都合な問題が起きました。戒律は、こういう問題が具体的に起きたときに、主としてゴータマ・ブッダが提案し、合議によって定められたのです。これを、随犯随制《ずいぼんずいせい》といいます。いいかえれば、いきあたりばったりということです。

ゴータマ・ブッダ自身は、すでに修行を完成していましたから、出家の集団の指導者としてごく自然な生活を送るだけで、戒律などなにも必要としませんでした。戒律は、弟子たちの修行のための手段以外のものではありませんでした。

そして、うまくいっているあいだはそれでよし、なにか不都合が起きれば、そのとき最善の対策を講ずればよろしいというのが、ゴータマ・ブッダの基本的なスタンスでした。かれは、戒律については、実際主義、実用主義を貫いたのです。つまり、かれは、リゴリスト（厳格主義者）ではまったくなかったのです。それどころか、かれは、あたかも、ずぶずぶの現実妥協主義者であるかのような態度をとりました。

仏教の出家生活の原点からしますと、たとえば、衣は、捨てられているぼろ布をつづりあわせたもの（糞掃衣《ふんぞうえ》。糞掃は「パンスクーラ」の音写漢訳語）でなければならず、食物は乞食《こつじき》によって得たものでなければならず、屋根の下で寝起きしてはなりません。ところが、金持ちの在家信者が増えると、ゴータマ・ブッダは、信者からプレゼントされた新品の衣を受けとることも、信者の招待を受けて食事をすることも、寄進された精舎《しょうじゃ》の屋根つきの家のなかで寝起きすることも、かたはしから認めるようになってしまいました。

在家信者は、出家に布施《ふせ》することで大きな功徳《くどく》を積むのであるから、その機会をシャットアウトしてはならない、というのがゴータマ・ブッダの理屈でした。

ただ、かれは、古式ゆかしい出家生活(頭陀行《ずだぎょう》)を送りたいと願う弟子には、その望みどおりにさせました。げんに、マハーカッサパは、頭陀行に専心したことで有名です。

ところで、現実妥協的なゴータマ・ブッダに反旗をひるがえした弟子が現れました。それが悪名高いデーヴァダッタで、ゴータマ・ブッダのいとこだと伝えられています。かれは、まじめといえばまじめな、極端なリゴリスト、あるいは理想主義者でした。

かれは、ゴータマ・ブッダのやりかたに不満をいだき、出家生活の原点に帰るべきだとして、おおよそつぎのような五項目の提案をだしました。

一、糞掃衣のみ着用、新品の衣の施しは受けない。

二、食は乞食のみによって得る。招待の食事は受けない。

三、肉や魚（あるいは乳製品も）はけっして口にしない。
四、屋根の下に住まない。
五、人里離れたところに住する。

問題なのは、個人的にそうした生活をするだけにとどまらず、ゴータマ・ブッダの留守に、仏弟子たちをたくさん集めて投票にかけたことです。投票の結果はかれの圧勝でしたが、ゴータマ・ブッダによって派遣された長老たちの説得で、ほとんどの弟子たちはもとに復帰しました。結局、デーヴァダッタは、少数の仲間たちを連れてサンガを去り、別の教団を作りました。

デーヴァダッタは、ゴータマ・ブッダの実際主義の背後にある、根本的生存欲をほろぼしたがゆえの透徹した自由、無拘束の境地を読みとれなかったのだといえましょう。

おそらくこの事件が大きなきっかけとなったと思うのですが、ゴータマ・ブッダは、ほかの教団の掟（戒＝シーラや禁＝ヴラタ）をよしとする考えを「戒禁取見《かいごんじゅけん》」と名付け、非常に厳しい態度をとるようになりました。

慈悲は修行の手段

キリスト教が「愛」を強調するのにたいし、仏教は「慈悲」を強調するということに最大の特徴と尊さとがあるとよくいわれます。のちに見ますように、大乗仏教は、これでもかこれでもかと仏や菩薩《ぼさつ》の広大無辺の慈悲を強調してやみません。

たしかに、慈悲ということは、ゴータマ・ブッダが、折りにふれ口にするものでした。また、かれ自身、苦行を修していたときにも、「慈悲行《ぎょう》」を並行して修していました。最古の成立になる『スッタニパータ』の「慈《いつく》しみ」という節の後半には、つぎのように説かれています。

「一四九　あたかも、母が己が独り子を命を賭けても護るように、そのように一切の生きとし生けるものどもに対しても、無量の（慈しみの）こころを起すべし。
一五〇　また全世界に対して無量の慈しみの意を起すべし。
上に、下に、また横に、障害なく怨みなく敵意なき（慈しみを行うべし）」
（中村元訳『ブッダのことば』岩波文庫）

多くの人びとは、こうした文言に、大乗仏教的な慈悲を読みとるのですが、それはどうもちがうように思えます。

そもそも修行の目標は、根本的生存欲を断つことです。そこにいたるためには、心が乱れていてはいけません。したがって、生きとし生けるものにたいして、敵愾心《てきがいしん》をもったり、乱暴なことをしていては、心の平安はいつまでたっても得られません。すなわち、慈しみ、慈悲という心の姿勢をよく保っていれば、心が乱れることがありません。慈しみ、慈しみ、慈悲というのは、それ自体が目的なのではなく、あくまでも、修行をよりすみやかに完成させるための手段であると、ゴータマ・ブッダは考えたのです。

最初期の仏教以来、出家修行者の基本的な心構えとして、「四無量心《しむりょうしん》」ということが説かれてきました。それは、つぎのとおりです。

一、慈無量心。教えを説く相手、そして生きとし生けるものを慈しむ無量の心。
二、悲無量心。同じく、深く相手に同情する無量の心。
三、喜無量心。他者の喜びをみずからの喜びとする無量の心。
四、捨無量心。自他にたいして根本的には無関心の態度をとる無量の心。

「慈」「悲」「喜」というのは、そのままなんの条件もつけなければ、心情的にべたべたしたものになり、執著心《しゅうじゃく》と区別がつかなくなるおそれがあります。そこで必要なのが「捨《しゃ》」なのです。少なくとも初期の仏教では、修行の目標は根本的生存欲を断つことですから、修行段階にあっても、生存への否定的態度をはぐくんでいかなければなりません。

もちろん、成道後《じょうどう》のゴータマ・ブッダにあっては、「捨」は完全なものであり、「慈」も「悲」も「喜」も、すべて、意味のない世界をあたかも意味があるがごとくに生きるための方便《ほうべん》にほかなりませんでした。つまり、ゴータマ・ブッダは、慈悲の問題を、きわめて実際主義的（極言すれば便宜主義的に）とらえていたのです。

時代が経過するにつれ、慈悲は、根本的生存欲の否定という問題と切り離されて独り歩きし、肥大化していき、ついには大乗仏教の「満ちあふれる慈悲」へと展開していくのですが、この過程は、いうまでもなく、ゴータマ・ブッダという仏の行跡がどんどん神話化して伝えられていく過程と軌を一にしているのです。

したがって、わたくしたちは、そして最初期の仏教における慈悲を、実際主義上の問題としてとらえ、けっして過大評価しないように注意する必要があります。

前二世紀半ば、大乗仏教出現の直前、最初期説一切有部《せついっさいうぶ》の長老ナーガセーナは、ギリシア系バクトリア国王メナンドロス（インドなまりでミリンダ）との対論のなかで、全知者である目覚めた人ブッダは、ある人がこのまま生きつづけたならば想像を絶する地獄の苦しみを受けるほどの罪をおかすことを、無量の慈悲ゆえに、事前に「殺してさしあげるのだ」と平然と論じます。オウム真理教による数え切れない殺人事件の「仏教的根拠」となっています。恐ろしいことです。

身分差別を否定する平等主義

仏教がインドの地を離れて、アジアの広範な地域に受けいれられていった要因はいくつかあるでしょうが、そのなかでも、仏教が、カースト制という身分差別制度を否定し、平等主義を掲げたということが、特筆されてしかるべきでしょう。

近年、インドのヒンドゥー教社会のなかでもっとも虐げられた存在である不可触民階級が、みずからの解放のために仏教に集団改宗するという運動を展開しています。いわゆる新仏教（ネオ・ブディズム）の台頭です。なぜ仏教なのかといえば、まさに仏教がカースト制を否定する宗教だと認識されたことがその最大の理由なのです。

そもそも、ゴータマ・ブッダの出身部族である釈迦族は、身分制度に固執するバラモンたちを尊敬していませんでした。というよりも、軽視、無視していたのです。そして、社会を実質的にリードしている自分たちこそ尊ばれて当然だとしていました。ゴータマ・ブッダも、生まれついたときから、バラモンを軽視し、カースト制を否定、というか無視する考えに深く染まっていたものと考えてよいでしょう。

それに、だいたいからして、ゴータマ・ブッダが体得した境地と方法とは、階級と無関係でしたし、したがって、かれの教えのどこにも、階級性は認められません。じっさい、かれは、バラモンであろうがシュードラであろうが、また、いかなる職業の人であろうが、まったく区別することなく、無差別に教えを説きました。

したがってまた、ゴータマ・ブッダのもとで出家となった者は、その出自の身分など完全に無視され、平等の扱いを受けました。サンガのなかで尊ばれたのは、世俗社会にいたときの身分や職業ではなく、正式の出家となってからの年数だけでした。

『スッタニパータ』には、カースト制否定（というよりか、そもそも無視）が力強く説かれています。

「六一一　身を稟《う》けた生きものの間ではそれぞれ区別があるが、人間のあいだではこの区別は存在しない。人間のあいだで区別表示が説かれるのは、ただ名称によるのみ」

（中村元訳『ブッダのことば』岩波文庫）

「六五〇　生れによって〈バラモン〉となるのではない。生れによって〈バラモンなら

ざる者〉となるのでもない。行為によって〈バラモン〉なのである。行為によって〈バラモンならざる者〉なのである。」（同）

「六五五　熱心な修行と清らかな行いと感官の制御と自制と、――これによって〈バラモン〉となる。これが最上のバラモンの境地である」（同）

ここでは、「バラモン」ということばは、「生まれついての階級としてのバラモン」というのではなく、「自分のことばに違うことをけっしてしない人」「真実語の人」という意味で用いられています。念のため。

Ⅱ　初期仏教

初期仏教とは?

ゴータマ・ブッダが入滅《にゅうめつ》したのち、ほぼ百年間、仏教教団（サンガ）は一枚岩の組織を保ちました。この間の仏教のことを、初期仏教、あるいは原始仏教といいます。

ところで、ゴータマ・ブッダの生没年についての伝承には南伝と北伝との二系統あり、それによって、ゴータマ・ブッダの年代が百年ほどもちがってしまうのです。ここに、仏《ぶっ》滅《めっ》年代論という学問上の論争が生じまして、いまだに最終的な決着を見ておりません。

南伝、たとえば、スリランカの古い歴史書によりますと、仏滅から二百年あまりで、アショーカ王が即位したとなっています。ドイツのガイガーという学者の算定によりますと、仏滅は紀元前四八三年、ゴータマ・ブッダは享年八十とされていますから、誕生は紀元前五六三年ということになります。おおまかにいえば、ゴータマ・ブッダの在世は、紀元前六世紀半ばから五世紀半ばということになります。

これにたいして、わが国の仏教学者の宇井《うい》伯寿《はくじゅ》博士は、説一切有部《せついっさいうぶ》の文献を中心に、北方経由で中国に渡った伝承を調べ、仏滅は紀元前三八六年（よって誕生は紀元前四六六年）

だとする見解を発表しました。のちにいろいろな学者がこの見解に少しばかり修正を加えましたが、ともあれ、北伝によれば、ゴータマ・ブッダの在世は、おおまかにいえば、紀元前五世紀半ばから四世紀半ばということになります。

世界中の歴史学者のほとんどは、右のうち、南伝による年代論を採用しています。わが国とドイツあたりの仏教学者たちの多くは、北伝による年代論を採用する傾向が強いようです。

ともあれ、初期仏教は、南伝によればアショーカ王の即位よりはるか前に終結していたことになり、北伝によれば、アショーカ王の即位のころまでつづいたことになります。

ゴータマ・ブッダの教えの伝承――第一結集

ゴータマ・ブッダは、三十五歳の成道《じょうどう》、初転法輪《しょてんぼうりん》のときから八十歳の入滅にいたる四十五年のあいだ、じつに多種多様な人に、多種多様な教えを説きました。

ゴータマ・ブッダの説法のしかたは、対機《たいき》説法《せっぽう》とか応病与薬《おうびょうよやく》とかといわれます。同じような内容でも、相手の機《き》（能力、素質、置かれた状況）を見て説きかたを変える、あるいは、医者が、患者の病気に応じて異なった薬を処方するように、相手のメンタルな問題点に応じて、それにぴったり即応する教えを説くといったことです。「人《にん》を見て法を説け」

というわが国のことわざは、ここに由来しているのです。

仏教で「病」というときには、しばしば、心を迷わせ苦しめるもの（煩悩《ぼんのう》）のことを指します。煩悩は数え切れないほど種類があります。そこで、かなり古くから、八万四千《し》の煩悩という、ちょっとオーバーないいかたがされています。個々の教えのことを法門というこことがあります。ゴータマ・ブッダの教えは対機説法、応病与薬ですから、そこで、「八万四千の法門あり、八万四千の煩悩あるがゆえに」などといわれたりします。

こういうふうでありまして、ゴータマ・ブッダは、みずからの教えを、教科書みたいに定型化、体系化して説くことはめったにありませんでした。定型化、体系化されていないということは、まとまりに欠けるということでありますし、したがってまた、対機説法的にゴータマ・ブッダから教えを授かった個々の人は、ただそれだけから、勝手な拡大解釈を加えて、本旨をゆがめて教えを伝える危険性もあります。

ゴータマ・ブッダが入滅したときに、弟子たちのリーダーであったマハーカッサパは、ゴータマ・ブッダの教えが、失われたり、間違った内容で伝えられたりすることをおそれました。そこで、かなり確かな伝承かと思われますが、仏弟子五百人を王舎城《おうしやじよう》郊外に集めて、ゴータマ・ブッダの教えを確定する会議を開催しました。

仏弟子となって以来、ずっとゴータマ・ブッダにつきしたがい、したがって、ゴータマ・ブッダが教えを説く場にもっともよく立ち会っていたのは、アーナンダでした。そこで、ゴータマ・ブッダの教えは、かれが記憶をたどって語りました。たしかにそうだと認められると、全員で合唱し、記憶しました。これを結集《けつじゅう》（合誦《ごうじゅ》）といいます。多くの経典は、「如是我聞《にょぜがもん》」（以下のようにわたくしは聞きました）という文句で始まります。この我（わたくし）というのは、したがって、後世の仮託にせよ本当にせよ、アーナンダのことだということになります。

戒律については、かつての釈迦《しゃか》族の宮廷理髪師ウパーリが詳しかったので、かれが唱え、みんなで確認しあいました。

以来、ゴータマ・ブッダの教えは、のちの讃仏《さんぶつ》乗やそこに根を持つ大乗仏教の場合（書伝、文伝を尊んでやみません）を例外とし、口伝で伝えられました。今でも、古い伝統をかなりよく保っている上座部《じょうざぶ》（テーラヴァーダ）仏教（スリランカ、ビルマ、タイ、カンボジア、ラオスに展開）では、お経は諳《そら》んじられるものであって読まれるものではありません。

ゴータマ・ブッダ神格化の道

アラハント（アルハット）ということばがあります。これは、尊敬にあたいする人という意味で、漢訳では阿羅漢《あらかん》といいます。応供《おうぐ》という漢訳語もあります。古く、仏教やジャイナ教などでは、解脱《げだつ》の境地である涅槃《ねはん》の境地に達した人、修行を完成した人、つまりは目覚めた人（ブッダ）は、阿羅漢と呼ばれていました。ブッダは阿羅漢であるし、また、阿羅漢はブッダなのです。

ところが、仏教では、ゴータマ・ブッダが入滅してしばらくすると、ブッダは阿羅漢と呼ばれるけれども、阿羅漢は、ゴータマ・ブッダを除いては、ブッダと呼ばれないのだ、という考えが広まりました。

これは、ゴータマ・ブッダを特別視し、神格化する傾向の産物なのです。ゴータマ・ブッダは、仏教の開祖でありますし、また、師とあおぐ人物から教えを受けることなしに独力で目覚めた人ブッダになった（無師独悟《むしどくご》）のですから、まあ、特別視されるのは、あるていど当然かもしれませんが、これが度はずれに強調されたのです。

ところが、かなり早い段階から、ブッダ（精神的覇者《はしゃ》）と転輪聖王《てんりんじょうおう》（軍事的覇者）との身体には、ふつうの人にはない、三十二の大きな特徴と、八十の副次的な特徴とがあると考えられるようになりました。いわゆる三十二相《そう》八十種好《しゅごう》というものです。

皮膚は金色で光を放っているとか、眉間《みけん》に長くて白い毛が一本あってまるまっているけれども、それがずんと伸びると光を発するとか、顔全体をおおうことのできるほど大きくて薄い舌をもっているとか、いろいろあります。こうした特徴がなにを意味しているのかよくわかっていませんが、ともあれ、こんな奇怪な特徴をもった人はほかにいません。

こうして、ゴータマ・ブッダは、どんどん神格化されていきました。

良くも悪くも出家至上主義

インド仏教というものは、最初から最後まで、基本的に出家《しゅつけ》至上主義でした。そもそもゴータマ・ブッダは、解脱して涅槃にいたる唯一の道は出家になることだと、くりかえし力説しました。もちろん、かれは、在家信者にも熱心に教えを説いていますが、その内容は、世俗の善を追求し、出家教団サンガへの奉仕に努めれば、死後、望ましい境涯（天、人《にん》）に生まれ変わることができるというものでした。

インド仏教は、出家には多くの戒律を完璧《かんぺき》に守ることを要求し、組織運営についても細心の配慮を講じています。しかし、典型的な都市型宗教である仏教の出家たちは、都市の裕福な在家信者からの支援をたっぷりと受けていたわりには、かれらの組織化には熱心ではありませんでした。比丘《びく》、比丘尼《びくに》、優婆塞《うばそく》（男の在家信者）、優婆夷《うばい》（女の在家信者）をあわせて四衆《ししゅ》といいますが、これは、なんら組織だったものではありませんでした。

在家信者の資格あるいは義務というのは、せいぜい、三帰五戒《さんきごかい》を保つというていどでした。つまり、仏法僧の三宝に帰依し、不殺生戒など五つの戒をできるだけ守るということです。しかも、この戒というのは、あくまでも自発的なものであり、それを破ったからといって、罰則があるわけではありません。

同じく典型的な都市型宗教であるジャイナ教は、仏教とは対照的に、在家信者にも、誓戒《せいかい》という生活信条を厳しく守るように要求し、熱心に指導しました。ジャイナ教は、とくに不殺生について厳格で、そのため、信者のほとんどは、小売り商や金融業といった職業につきました。農業は土中の小動物を殺さざるをえないし、大規模交易商は、長距離を移動するため、蟻などを踏み殺す可能性が高い、などといった理由で忌避されたのです。

また、仏教の出家たちは、人生の折り目折り目に行われる通過儀礼という、在家信者にとっては大切きわまりないものについても、まったく関心を示しませんでした。

在家信者の生活を指導するなどということは、出家にとっては俗事だということです。仏教の出家たちは、だからこそ、そうした俗事にわずらわされることなく、立派な僧院の奥深くで、修行、教育、教学研究に専心することができました。仏教の思想、哲学がインドでは長らく突出した影響力をもったというのも、そのためです。

しかし、そのぶん、仏教の出家たちは、固い絆《きずな》で結ばれた在家信者の厚い壁によって守られるというふうにはなりませんでした。ひとにぎりの大パトロン、とくに国王に依存するばかりで、仏教の出家教団は、根無し草のようになっていたのです。そのため、十二世紀から十三世紀にかけてのムスリム軍のインドの富の略奪だけを目的とする破壊的きわまりない大遠征のなかで、仏教の出家教団は、いともたやすく破壊され、十三世紀のはじめには、とうとうインドの地から消えてなくなりました。

出家生活の原点——頭陀行

出家の集団（サンガ）は、理念的にはただひとつあるのみですが、協議運営をするという実際のところからしますと、たくさんあるということになります。ゴータマ・ブッダ在世のときからして、出家はあちこちに分散して活動していましたから、全員が一堂に会して、ということは不可能でした。そこで、地域地域の境界を定めて、その狭い地域ごとにサンガが運営されていたというのが実際となります。こうした、地域単位のサンガのことを現前《げんぜん》サンガといい、理念的にただひとつあるとされるサンガを四方《しほう》（チャートゥルデーシカ）サンガといいます（「四方」の漢訳音写語は「招提《しょうだい》」です。「唐招提寺《とうしょうだいじ》」の「招提」はこれです）。

戒律は、現前サンガで勝手に変更したり解釈を変えたりしてはならないことになっていましたが、そのほかのことは、現前サンガにすべて委《ゆだ》ねられていました。

出家となりたい人は、その地域の現前サンガに申しでて、完全な戒律（具足戒《ぐそくかい》）を授けてくれ、また出家となったあとの指導者となる人を求めます。こうした人のことを、和尚《おしょう》（和上《わじょう》）といいます。今風にいえば指導教授といった意味です。

仏教の出家となるにあたっては、世俗での所属階級などはまったく問題とされません。平等なのです。ただし、両親が反対している人とか、借金をかかえている人とか、逃亡中の犯罪者とか、かつて仏教教団追放の処分を受けたことのある人とかは、出家を認められませんでした。また、出家はみな平等ではありますが、いちおう組織でありますから、出家となってからの年数を秩序の原理とします。

出家の日常生活は、厳しく律せられていました。

早朝に起きて、禅定《ぜんじょう》に励みます。それから近隣の家を乞食《こつじき》してまわります。食事は、正午までに終えます。足りないからといって、また乞食することは許されません。午後になったらいっさい口にしません。午後は、在家信者の家を訪問して教えを説いたり、樹下《じゅげ》で禅定をしたりします。夕刻になると全員が集まり、その日の体験を話しあったり、師のもとに参上したりします。そのあと、深夜にいたるまで、禅定に打ちこみます。

とくに厳しい生活を送りたい人には、出家生活の原点ともいうべき頭陀行《ずだぎょう》なるものが認められます。頭陀というのは、煩悩を振るい落とすという意味だといわれます。お坊さんが頸《くび》にかけて提げている布製のバッグは頭陀袋《ぶくろ》といわれています。頭陀行は、出家の理想であったわけです。頭陀行の内容は、つぎの十三項目（十三頭陀支）よりなります。

一、糞掃衣支《ふんぞうえし》。ぼろ布をつづりあわせた衣だけを着用する。
二、三衣支《さんねし》。大衣《だいえ》、上衣《じょうえ》、中着衣《ちゅうじゃくえ》だけを着用する。
三、常乞食支《じょうこつじきし》。乞食によってのみ食を得る。招待の食事はとらない。
四、次第乞食支《しだいこつじきし》。家々を順にまわって乞食する。好みの家をねらったりしない。
五、一坐食支《いちざじきし》。坐をいったん立ったらもう食事はしない。
六、一鉢食支《いっぱつじきし》。おかわりをしない。
七、時後不食支《じごふじきし》。食事は午前中一回のみ。
八、阿蘭若住支《あらんにゃじゅうし》。人里離れたところに住する。
九、樹下住支《じゅげじゅうし》。大樹の下に住する。
十、露地住支《ろじじゅうし》。床の上、屋根の下でないところに住する。
十一、塚間住支《ちょうけんじゅうし》。死体捨て場に住する。
十二、随処住支《ずいしょじゅうし》。たまたま手にはいった坐具《ざぐ》や場所で満足する。
十三、常坐不臥支《じょうざふがし》。いつも坐《すわ》ったままでおり、けっして横にならない。

さまざまな瞑想法

ゴータマ・ブッダ以来、仏教は、戒定慧《かいじょうえ》の体系からなっていることは、すでに述べました。定というのは禅定（ディヤーナ、禅、静慮《じょうりょ》）のことで、端的な事実を徹底的に観察し、考察しつくすこと、つまり精神集中のことをいいます。瞑想《めいそう》といってもよいでしょう。また、事実をくりかえし観察することを観といいますが、これも瞑想です。

瞑想の深まりの段階を示すものとして、古くから四禅の分類が行われています。初禅、二禅、三禅、四禅《し》と進みます。四禅では、思考する対象にたいする善悪、好悪の感情がなくなって中立となり、平安な心境になるといいます。

瞑想には、対象があります。そのなかで、もっとも重要なのは、四聖諦《ししょうたい》です。四聖諦を観察、考察しつくしてはじめて、本当の智慧《ちえ》が得られるとされます。

縁起観というのもありまして、時代が下がるにつれ無意味あるいはあまりにも作為的としか思えない複雑なものになっていきますが、これは、もともとはゴータマ・ブッダが此《し》縁性《えんしょう》という名の因果関係検証法を武器にして、根本的生存欲から輪廻《りんね》の苦しみにいたる十二項目にわたる事象の因果関係（十二因縁）を徹底的に観察してすべての疑念を払って目覚めた人ブッダとなった。その時の瞑想を指しましたが、その実に巧みな簡略形こそが四聖諦観だったのです。

初心者には、四念処《しねんじょ》という以下の観法がすすめられます。「念」（サンスクリット語で smṛti、パーリ語で sati）というのは、記憶のことです。つまり、観察の対象を、しっかりと頭に刻みつけることをいいます。最近巷間《こうかん》で「気づき」awareness という訳が流布していますが、大いなる誤解の種です。ぱっと気づくのではなく、じっくりみっしりと頭に刻みつけるということです。

一、身念処。いわゆる不浄観のことです。自他の身体について、それが不浄であると見ることによって、身体への執著《しゅうじゃく》を断じようというわけです。生身《なまみ》の身体についていえば、汚いものがいっぱいつまっていて、いつも鼻汁や大小便を垂れ流していることを、徹底的に観察します。死体についていえば、それが腐乱していくさまを九段階に分けて徹底的に観察します（九相観）。死体捨て場にいって坐れば、本物の死体を観察できます。それを図絵にしたものが、わが国でもかつて多数作成された「九相図」です。

二、受念処。感受作用は苦だと見ることです。感受作用から、外界とのかかわりが生じ、ここから、好悪、愛憎といった執著が生じ、迷いが生じ、苦が生じます。だから感受作用の主役である感官を制御しなければ、という認識を強めるのです。

三、心念処。心は常住不変ではないから、心を頼りにすることが苦のもとになるとしっかり頭に刻みつけること。あてにならないものをあてにしてはならないのです。

四、法念処。すべての事象は無常だということを、しっかり頭に刻みつけること。

要するに、四念処は、身心を中心に、苦観、無常観、非我観を行うことなのです。

ところで、右に紹介したのは、みな、思考のかぎりをつくすという意味での瞑想です。最初期の仏教の瞑想は、そうしたものだったのです。なにしろ、瞑想は、智慧を得るためのものだとはっきり規定されていたからです。

ところが、いつのころからか、三昧《さんまい》（サマーディ）という、心の作用の停止状態、主客合一状態、つまり完全な無思考状態を目指す瞑想というものが、おそらく外部から仏教に取りこまれるようになります。

まず、無所有処定《むしょうしょじょう》（アーラーラ・カーラーマ仙が宣揚した境地）、空無辺処定《くうむへんじょじょう》、識《しき》無辺処定、非想非非想処定《ひそうひひそうしょじょう》（ウッダカ・ラーマプッタ仙が宣揚した境地）という、いわゆる四無色《しむしき》定《じょう》というものが立てられるようになります。

また、地、水、火、風、青、黄、赤、白、空、識のそれぞれと完全に合一することを目指す、十遍処《じっぺんじょ》という瞑想も開発されました。もちろん、これも三昧めあてのものです。

こうした、三昧めあての無思考の瞑想は、やがて、大乗仏教になると大流行し、密教にいたってその頂点に達します。また、ヒンドゥー教のヨーガ学派にもこれは引き継がれ、インドをあげて無思考の瞑想に夢中になる状況を呈しました。三昧にいたると自動的に智慧が得られるなどといいますが、無思考で智慧が得られるなど、考えられません。最初期の仏教の戒定慧の体系は、こうして大きな変質を受けることになったのです。

Ⅲ　部派仏教

サンガの分裂で部派仏教時代へ

ゴータマ・ブッダが入滅《にゅうめつ》してから百年ほどたったころ、仏教の内部では、とくに戒律をめぐって大きな意見の対立が生じました。伝承によれば、争点は十あったといわれています。いわゆる十事《じゅうじ》というのがこれで、みな、戒律に新解釈を与え、ゆるやかなものとして、時代にあったものにしたらどうかという動きに源を発しています。

たとえば、塩浄《えんじょう》という項目があります。塩は食材です。食材、食料は、貯蔵が禁じられています。ところが、塩は薬として用いられることもあります。薬ならば貯蔵してもいいのではないかと、そのような新しい解釈に立つ人びとが現れたのです。

また、布施《ふせ》としての金銀を受け取って管理するのは在家信者の役目であって、出家はそのようなことをしてはならないはずでした。ところが、このころになると、出家が金銀を受け取って管理し、金融業にまで手をそめるような事態が発生していました。

事件は、まさに、ヤサという保守的な比丘《びく》が、商業都市ヴェーサーリーの比丘たちが金銀を受け取っているのを目撃し、これを告発したことにはじまりました。ヤサの告発は、排斥されてしまいました。そこでヤサは、周辺地域の保守的な比丘たちに応援を求め、ここに十事（戒律の新案としての十項目）の審議会が開かれました。この審議会では、厳格派の長老たちによって十事は否決されましたが、不服をいだいた改革派の多数の比丘たちは、分派を作りました。長老たちは、あらためて経典の編集を敢行しました。これを第二結集《けつじゅう》といいます。

ここにサンガは、厳格な長老たちと多数の改革派とに分裂し、前者は上座部《じょうざぶ》、後者は大《だい》衆部《しゅぶ》を形成しました。これを根本分裂といいます。このあと、それぞれがいわゆる枝末分裂をくりかえし、最終的には、二十部ほど（あるいはもっと）に細分されました。こうした形態の仏教を部派仏教といい、のちに大乗仏教からは、小乗とけなされました。

仏教の広がりとアショーカ王

ゴータマ・ブッダ入滅のころ、仏教は、中インドの大街道である北路にそった地域に展開されていました。地名でいいますと、東はマガダ国の王舎城《おうしゃじょう》周辺、当時最大の商業都市バナーラスをはさんで、西は舎衛城《しゃえいじょう》といったあたりです。現在の州でいいますと、ビハール州のほぼ全域と、ウッタルプラデーシュ州の東部ということになります。舎衛城からは、南西に向かって南路という大街道が分岐しています。その南路とガンジス河がまじわるところにコーサンビーという都市がありまして、ゴータマ・ブッダはここまで旅したことがあるとする伝承もありますが、定かではありません。

そののち、初期仏教時代、部派仏教時代のはじめのころにかけて、仏教は、南路ぞいに勢力を拡大していきました。そこには、ウッジェーニーという華やかな都市があり、この都市の富が、大いに仏教を支えたようです。コーサンビーからウッジェーニーのあいだには、壮大な仏塔《ぶっとう》遺跡で有名なバールフトやサーンチーがあります。また、ウッジェーニーから南のデッカン高原にかけては、ややのちの石窟《せっくつ》寺院の遺跡で有名なエッローラー、アジャンターがあります。また、カーティヤーワール半島から、現在のムンバイー（ボンベイ）の北あたりまでの西海岸にも、仏教はわりあい早くから広まっていきました。

一方、仏教が、ガンジス河を西に進むスピードはたいへん遅かったと見られます。といいますのも、この方面の先には、現在のデリーをかかえるドーアーブ（二河）地方があり、そこは、保守的なバラモンたちのヴェーダの宗教のいわば牙城《がじょう》のようなところでしたので、仏教もなかなか入りこめなかったのです。マトゥラーや、さらにずっと北西のカシュミールなど、のちに重要な拠点となる地域に仏教が浸透するには、つぎに見るアショーカ王の時代を待つことになります。

紀元前三世紀の半ば、マウリヤ朝は、アショーカ王の手によって大帝国になりました。

アショーカ王は、すべての宗教をバックアップしましたが、とりわけ仏教には熱心に帰依《きえ》し、四大仏蹟《ぶっせき》を整備しました。王のおかげで、仏教の発展には拍車がかかりました。

アショーカ王は、残虐行為をともなう軍事的拡大に成功したあと深く反省し、ダルマ（法）による統治をスローガンとし、全国にその旨を記した法勅《ほうちょく》を摩崖《まがい》や石柱に彫らせ、また、西アジア方面に、平和の使者をさかんに派遣しました。アショーカ王がいう法というのは、もちろん政治理念でありますが、仏教的な意味での法（真理）という色彩も濃厚にふくんでいると見られます。

アショーカ王の息子とされるマヒンダは、西海岸を船出してセイロン（スリランカ）に上座部の仏教を伝えました。ここに、南方仏教の基礎が築かれました。

経典の整備と高度な教学研究《アビダルマ》の発展

ゴータマ・ブッダの教えとかれの在世中に定められた戒律とは、ゴータマ・ブッダが入滅してすぐの第一結集によって確定されました。そののち、戒律については、一いちの条項についてその成立事情や意義についての解説が加えられ、また、サンガ運営の規則（カンマ、羯磨《こんま》）も盛りこまれるようになりました。

こうした仏典は、文字が広く用いられる時代になっても、なかなか文書として記録されることはありませんでした。もっぱら記憶にたより、師から弟子へ、そのまた弟子へと口伝というかたちで継承されていったのです。

では、初期仏教の時代、第一結集の内容は、どのような形で伝えられていったのかということになりますと、残念ながら、はっきりしたことはなにもわかっていません。とくに、ゴータマ・ブッダの教えということになりますと、不明な点が多々あります。ある説によりますと、内容と形式の異同で、九つのジャンル（九分教《くぶんきょう》）あるいは十二のジャンル（十《じゅう》二分教《にぶんきょう》）に分けて伝えられていたとされますが、定説とはなっていません。

ただ、教えや戒律を伝えるにあたっては、分業が行われていたことは確かなようです。いくらインド人が記憶力にたけているとしましても、ひとりひとりがすべてを暗記していうのはむずかしかったのです。古い記録から、経師《きょう》、持律師、説法師、持法師などがいて、いわば専門的に教えを伝えていたということがわかっています。

そしてまた、おそらく親切心から、図式的体系化や神話的粉飾も付加されていきました。これを増広《ぞうこう》といいますが、そのため、今日見ることのできる古い経典は、ゴータマ・ブッダの教えに源を発することは確かだとしても、そのなかから、ゴータマ・ブッダの肉声（金口《こんく》の説法）をじかに読みとることはたいへん困難なこととなりました。仏教学者も苦労することになったのです。

さて、仏教の教えや戒律は、部派仏教の時代になりますと、部派ごとに、律蔵、経蔵というかたちでまとめられるようになります。その初期のまとめかたは、今日、パーリ語による南方上座部の律蔵、経蔵の組織のなかに、パーフェクトに見ることができます。

それと同時に、部派ごとに、仏教の教えにたいする組織的研究（アビダルマ、対法《たいほう》）が盛んになり、それを収めた論蔵というジャンルが成立しました。ここに律経論の三蔵がようやく成立することになりました。

アビダルマでは部派ごとに独自の哲学が、それもいささか煩瑣《はんさ》なかたちで展開されるようになります。こうした仏教哲学をアビダルマ哲学といい、インド哲学のさらなる洗練化に大いに貢献しました。

ギリシア文化との接触

ギリシアとインドとは、じつは深い関係にあります。

まず、マケドニア帝国のアレクサンドロス大王が、ペルシア帝国を滅ぼした勢いをかって、インダス河を渡ってマガダ帝国の首都を征圧するまでにいたったのが、紀元前三二六年のことです。マケドニア軍が撤退したあと、中央アジア、アフガニスタン経由で、ギリシア人たちが西北インドに進出し、各地に都市国家（ポリス）をつくりました。

そして、紀元前二五〇年ごろには、インドの政治的混乱をついて、まごうことなきギリシア人国家である中央アジアはアフガニスタン北方地方出身のバクトリア王国がアフガニスタンと西北インドに政権を樹立しました。この国は、本拠地バクトリア地方とアフガニスタンを失っても、豊かなパンジャーブ地方に君臨しつづけました。紀元前二世紀の半ばごろ、メナンドロス（ミリンダ）大王が、この王国の全盛期を築き、大量の金貨を発行したりしました。この大王は、哲学議論を好み、最初期の説一切有部《せついっさいうぶ》に属するナーガセーナ長老と対論し、ついには仏教に帰依したといわれています。そして、その対論は、パーリ語では『ミリンダ王の問い』、漢訳では『那先比丘経《なせんびくきょう》』というかたちで、仏典として残されています。ギリシア文化とインド文化とのじかの接触を語るまことに貴重な文献です。

ただし、最初期説一切有部の論客ナーガセーナと生粋のギリシア人国王メナンドロスの対論は、単なる異なる文化の接触ではなく、強烈にギリシア化されたインドとギリシア文化の接触であったのです。メナンドロス王とナーガセーナ長老との対論がスムーズに進んだのはそうした事情によります。

これだけの接触があったのですから、また、ギリシア人国家にはたくさんの哲学者がいたことは確かなようでして、ギリシア哲学がインド哲学に影響を及ぼした可能性は大いにあります。げんに、ヴァイシェーシカ学派というヒンドゥー教側の哲学学派は、このころに成立しておりますが、その哲学はアリストテレス由来のカテゴリー論とデモクリトス由来の原子論とに特徴づけられており、ギリシア哲学色がきわめて濃厚です。また、上座部系の説一切有部という、西北インドに勢力をもつ仏教の部派は、やはりこのころに学説の基礎を固めていますが、やはりカテゴリー論的な発想と原子論とを特徴としており、ギリシア哲学の影響が考えられます。

無我説へのとまどい――正量部の教義

先にも見ましたように、ゴータマ・ブッダは、身心のいずれも常住の自己（アートマン、自我、魂）ではないとする五蘊《ごうん》非我説を展開しました。そしてまた、常識的な意味での自己なるものは認め、たとえば、自己と教えとだけを頼りとせよという遺言を残しています。ただし、そうした自己が、死後にも永遠に残る魂であるかどうかという、経験的事実にもとづきえない形而上学《けいじじょうがく》的な問いにはいっさい答えませんでした。かれは、形而上学的問題にたいしては、不可知論の立場をとったのです。形而上学に足を踏み入れると、はてしのない無意味な水かけ論争に明け暮れることになることを、ゴータマ・ブッダは熟知しており、弟子たちにも強く警告を発しつづけました。まことに賢明なことでした。

ところが、後世の仏教徒は、かれのこの微妙なスタンスを理解することができず、ついに、自己は存在しないという、端的に形而上学的な無我説を立ててしまいました。

ここに、大きな問題が発生しました。ふつうのインド的発想では、認識の主体であり、自覚、自意識の対象であり、行為の主体であり、行為の結果（果報）の享受者であり、輪《りん》廻《ね》する主体として、アートマンなるものが想定されます。ところが、そうしたものとしてのアートマンを認めないとなると、因果《いんが》応報《おうほう》が、したがってすなわち責任倫理が成り立たなくなってしまいますし、また、「わたくし」（僕、おれ、あたし）という発語じたい、不可解なものになってしまいます。したがって、まさに当然の理屈で、仏教の無我説は、他派（外道《げどう》）からの格好の攻撃対象とされました。

仏教は、こうした攻撃、論難に大いに悩まされることになりました。そして、苦しんだすえ、犢子部《とくしぶ》が、そしてのちには圧倒的な勢力をもっていた正量部《しょうりょうぶ》が、ついに、「非即《ひそく》非《ひ》離《り》蘊《うん》の我《が》」なる、いわくいいがたいものを想定するに及びました。このいわくいいがたいものは、べつに、「補特伽羅《ほとぎゃら》」（プッドガラ、個体、「人」の意）ともいわれます。

これは、身心（五蘊）とまったく同じではないけれども、さりとてまったく異なるものではないなにかでありまして、これこそが輪廻する主体であるというのです。

しかし、それならば、アートマン（自己、我《が》）ということばを用いていないだけで、結局はアートマンと同じものを認めていることになるではないか、無我説を放棄したことになるのではないかと、他派から批判されたのはいうまでもありません。

とはいいましても、仏教も輪廻というものを認める以上、輪廻する主体をともかく考えざるをえないわけでして、そのいちばん簡単な解決策が、身心でもなければ身心とちがうわけではないなにかを想定することだったのです。これをアートマンといわないところがミソなのでしょうが、無我説もなかなか維持するのがむずかしいというところです。

非連続の連続――説一切有部の教義

無我説で輪廻とその原理である因果応報を説明するためにかなり苦しまぎれに犢子部《とくしぶ》や正量部《しょうりょうぶ》が非即非離蘊《ひそくひりうん》の我《が》なるものを想定したことにたいして、猛然と批判を展開したのが説一切有部《せついっさいうぶ》です。かれらは、非即非離蘊の我などというものは、我にほかならず、無我説においてけっして想定してはならないものだと主張しました。

それでは、無我説で因果応報をどう説明すべきだというのでしょうか。かれらは、刹那《せつな》滅《めつ》の心《しん》の相続《そうぞく》という、少しばかり手のこんだ理論を編みだしました。

刹那というのは、サンスクリット語のクシャナという語の音を写した漢訳語で、時間の最小単位、つまり、いわば時間の原子のことを意味します。心が刹那滅だというのは、心は、生じてからわずか一刹那で消滅するということです。もちろん、それで終わりというわけではなく、その直後に、前の心とほんの少しちがうけれどもほとんど同じような心が生じ、また一刹那ののちに消滅して、ということを繰り返すのだとされます。

しかし、それでは、ある人が殺人を犯しても、その人はほんの少しでも時間がたてば別人物だということになり、殺人の責任を負わずにすむという、不合理な話になりはしないかという疑問が生じます。げんに、他派からはそうした疑問が投げつけられました。

それにたいして説一切有部は、ある一刹那に作った業《ごう》は、つぎの一刹那に存在する心に引き継がれるのだと主張します。心は刹那滅で非連続だけれども、業はつぎつぎと生ずる心によって担われていくというのです。こうした心の連続のことを相続といいます。つまり、人は、不変の個人としてではなく、刻々と変化する相続として存在するというわけで、業はその相続によって担われているので、因果応報はきちんと成り立つというわけです。

非連続の連続、なかなかよく考えたといえるでしょう。非即非離蘊の我という、アートマンもどきを想定するよりも、こちらの想定のほうが無我説としては無難です。これを駅伝に喩《たと》えますと、ランナーは次々と入れ替わります（刹那滅）が、団体名が書かれた襷《たすき》はずっと変わらずにいる（相続）というふうになります。

ただ、説一切有部の説には、べつの面で問題があります。というのも、身心をはじめとする世界が幻影でないかぎり、それを成り立たせている原子的な要素や原理が、不変のものとして存在するとかれらは考えたのです。というのも、要素や原理までもが刹那滅で変化してやまないものだとすると、世界にはなんの脈絡や一貫性もないことになるからです。こうした原子的な要素や原理のことを法（ダルマ）といい、それゆえに七十五種類の法を数えます。

こうした法は、過去、未来、現在の三つの時間領域すべてにおいて実在するというのですから、法は常住であることになり、仏教が古くから、もろもろの（作られた）事象は無常であるといってきたことと折り合いがうまくつきません。これは困った話です。ただ、この辺りは、バクトリア王国にたくさんいたギリシア哲学者たちの、とくに原子論を下敷きにしたものにほかなりません。

説一切有部がいう有（sat、有るもの）は二種類に分けられます。一つは実有（本当に有るもの）で、七十五種類の事象（ダルマ、法）がそれだとされます。これらの事象は、原子論でいうところの原子に相当しますので、「原子事象」と呼ぶことにしましょう。この原子事象は過去世、未来世、現在世の三世にわたって常住に有りつづけるものだとされます。

もう一つは施設有《せせつう》（仮有《けう》、ことばの上だけの有るもの）で、いろいろな原子事象の離合集散によって見かけだけ有るとされるもので、千変万化する現象世界のことをいいます。もちろんこれは無常ではかないものに過ぎません。

原子事象は常住不変で、それらの離合集散によりものが生滅変化するかに見えるというわけで、まさにデモクリトス（前四六〇～三七〇頃）が展開した原子論の写しだということがはっきりと見て取れます。

デモクリトスなどの原子論者たちは、不生不滅不変化の「有」なる本体こそ真であり生滅変化する現象は感覚による欺きだとするパルメニデス（前五一五～四五〇頃）やその弟子ゼノンの論にたいして、本体と現象とを同時に説明する試みをしたのです。

最初期の説一切有部は、実有についての真実（諦）を勝義諦、施設有についての真実を世俗諦と名づけ、インドで古来ありつづけてきた実在論と唯名論の伝統を、実在論に優位を与える「一諦説」によって統合することに成功したのです。

無常と実在——経量部の教義

非連続の連続という相続説と、仏教古来の無常説とをうまく両立させるのに努力し、新しい説を唱えたのが経量部《きょうりょうぶ》という部派です。

かれらは、漢訳でいえば、相続転変差別《そうぞくてんぺんしゃべつ》という想定を立てます。非連続の連続が特殊な変化発現によって成立するということです。簡単にいうと、つぎのようなことです。

心は刹那滅だとするのは、説一切有部と同じです。さて、ある刹那の心がはたらきを起こしますと、それはただちに潜在的ななにものかに変化します。この潜在的ななにものかのことを種子《しゅうじ》といいます。そして、心のはたらきが種子として植えつけられることを熏習《くんじゅう》といいます。説一切有部では、つぎに生ずる心のありようの根拠がはっきりしませんが、経量部はそこをはっきりさせます。すなわち、つぎに生ずる心のありようは、前の心に植えつけられた種子によってきまるというのです。種子が変化発現（転変《てんぺん》）して、つぎの心を成立させるというのです。つぎの心を成立させることを現成《げんじょう》といいます。

あらためて順を追っていいますと、種子が転変してつぎの心を現成し、その心のはたらきがまた新たに種子を熏習し、その種子が、という説明になります。前の種子は、つぎの心へと転変して現成しますから、つぎの心が生じたときには消えてなくなっています。種子が芽生えて成体としての植物となり、それが種子を残して枯れる。残った種子がまた芽生えて、というふうに考えればよいでしょう。熏習、種子、転変、現成、これらを、心は、永遠の昔から永遠の未来に向かって繰り返す、これがかれらの主張です。

これですと、世界を構成する原子的単位である法も、過去や未来に実在するのではなく、ただ現在のこの一刹那に実在するのみということになりますから、説一切有部のように、法は常住だとするやっかいな結末におちいることがなく、仏教古来の無常説とも矛盾をきたすことがありません。漢訳の表現によれば、説一切有部では「三世実有《さんぜじつう》、法体恒有《ほったいごうう》」であるのにたいし、経量部では「現在有体《うたい》、過未無体《かみむたい》」となります。

　こうして、経量部は、無我説のなかで、因果応報説と無常説とを両立させたのです。

　四、五世紀あたりに活躍した世親《せしん》（ヴァスバンドゥ）は、簡潔な詩節と自註《じちゅう》よりなる『阿毘達磨《あびだるま》倶舎論《くしゃろん》』（ふつうは略して『倶舎論』）という、説一切有部の術語体系を解説する百科事典的な有名な作品を著しましたが、そのなかで世親は、説一切有部の説を、経量部の説によってけっこう鋭く批判しています。

　その世親は、兄の無著《むじゃく》（アサンガ）に誘われて大乗仏教の瑜伽行派《ゆがぎょうは》へと転身しましたが、たいへんな秀才ぶりを発揮し、この派の、それまでのやや素朴な唯識《ゆいしき》説を、右に見た経量部の相続転変差別説を軸にして精密化して完成させました。

過去仏と未来仏の信仰

　ゴータマ・ブッダ像は、時を追うごとに神格化の度合いを深めていきましたが、それと並行して、かれが説いた教え（法）、つまり真理は永遠不変のものであるという観念が強化されていきました。ここから、つぎのような考えが生まれました。

　すなわち、この真理は永遠不変のものであるから、永遠の昔から存在した。すると、ゴータマ・ブッダ以前にも、かれと同じようにこの真理をつかみとり、目覚めた人、つまり仏となった人がなん人もいたにちがいない、と。

そこから、過去仏《かこぶつ》という存在が考えだされました。過去仏として二十五仏を数える説もありますが、それよりもはるかにポピュラーだったのは七仏説です。

七仏を古いほうから数えますと、毘婆尸《びばし》仏、尸棄《しき》仏、毘舎浮《びしゃぶ》仏、拘留孫《くるそん》仏、拘那含《くなごん》仏、迦葉《かしょう》仏の六仏、これに釈迦《しゃか》仏であるゴータマ・ブッダを加えて過去七仏となります。ゴータマ・ブッダ以外では、拘那含仏がとくに人気があり、あのアショーカ王も崇拝していたという記録が残っています。

そして、古い六仏のそれぞれについても神話的伝説が作られ、それがまたゴータマ・ブッダ伝（仏伝《ぶつでん》）にも反映され、いっそうの神話化が進行していきました。

過去仏信仰が確立されたのとあまり時をへだてることなく、未来仏《みらいぶつ》としての弥勒《みろく》（メッテッヤ、マイトレーヤ）への信仰も高まっていきました。

弥勒は、ゴータマ・ブッダの弟子とされておりますが、たいへん優秀であったため、ゴータマ・ブッダから、おまえは未来においてかならず仏になれるとの予言（授記《じゅき》）をさずかったとされています。

未来といっても、たいへん先のことでありまして、仏滅後五十六億七千万年（正確には五十七億六千万年）のことであるとされています。それまで弥勒は、兜率天《とそってん》にいて修行し、その時がくれば地上に生まれ、ゴータマ・ブッダと同じような経緯で、ついには竜華樹《りゅうげじゅ》のもとで目覚めた人、ブッダとなり、人びとに教えを説くといいます。

未来仏信仰、つまり弥勒信仰は、今生《こんじょう》で死んだのち、兜率天に生まれて、弥勒とともに修行し、弥勒とともに地上に生まれ、仏となった弥勒の弟子となって解脱《げだつ》にいたることを願うというものです。こういうことから、弥勒信仰は、一種の救世主（メシア）信仰の様相を帯びるようになっていきました。わが国でも、江戸時代には、弥勒信仰が、世直しという革命運動として展開されたことがあります。

また、大乗仏教になりますと、五十六億七千万年という絶望的に長い無仏《むぶつ》の期間、仏になりかわって衆生《しゅじょう》救済に奔走してくれるのが地蔵菩薩《ぼさつ》だという信仰も登場しました。

ゴータマ・ブッダの前生物語――菩薩の活躍

いつのころからか、目覚めた人となる前のゴータマ・ブッダは、菩薩（ボーディサッタ、ボーディサットヴァ）と呼ばれるようになりました。菩薩の原義については議論のあるところですが、一般には「目覚めること（ボーディ、菩提《ぼだい》）を目指す人」と解釈されます。

ゴータマ・ブッダの神格化は、仏教の民衆化の過程で、独特の、ゴータマ・ブッダの前《ぜん》生《しょう》物語（ジャータカ、本生経《ほんじょうきょう》）として実を結びました。それは、目覚めた人、仏になるためには、気の遠くなるほどの時間が必要だという考えに根ざしています。すなわち、ゴータマ・ブッダは、出家となってから六年間修行して目覚めた人となったのですが、じつは、数えきれないほど多くの前生でさまざまな修行を積んできたからこそ、最後の生《しょう》で、わずか六年間の修行で目覚めた人になれたのだ、というのです。

当時インドに広まっていた、イソップ物語のような民間説話が、かたはしから利用されました。菩薩は、あるときは野犬として、また猿として、オウムとして、商人として、船乗りとして、王として、智慧《ちえ》を発揮したり、犠牲的な行為をしたりして、多くの功徳《くどく》を積んできたのだとされます（現代語の完訳としては、『ジャータカ全集』全十巻、春秋社があります。説話文学に関心のある方にはおすすめです）。

菩薩の行《ぎょう》は、布施波羅蜜《ふせはらみつ》（「波羅蜜」の意味については後説します）、忍辱《にんにく》波羅蜜、持戒《じかい》波羅蜜、精進《しょうじん》波羅蜜、禅定《ぜんじょう》波羅蜜、般若《はんにゃ》波羅蜜の六種を数えます。

菩薩とは、みずから立てた誓いのことば（誓願）をいかなる困難にもめげることなく守り抜くことにより、その誓いのことばを、大願（自利と利他）を実現せしめる驚異的な力をもつ「違《たが》うことのない真実のことば」（世界を創る力をもつとされるヴェーダ聖典のことば（ブラフマン、マントラ（真言）に匹敵することば））に仕立て上げ、そのことばの力（本願力）によって目覚めた人ブッダとなり、新たな国土（極楽世界など）を得て自在に衆生を済度できるようになる、そのことを目指す人のことをいいます。

ですから、菩薩の行は、出家（仏弟子）のための戒定慧《かいじょうえ》の三学に収められる行とは原理をまったく異にしているのです。

前二世紀半ば、ギリシア系のバクトリア王国の国王メナンドロス（ミリンダ）王と対論した最初期説一切有部の論客ナーガセーナは、ささいとはいえ誓いのことばを守り抜いた一介の娼婦が、違うことのない真実のことばとなったそのことばの力により、大ガンジス河を逆流させたというエピソードを述べています。

なお、菩薩が最初に立てる誓いのことばは、サンスクリット語で「プラニダーナ」といいまして、「自分の前に据え置くこと」を意味します。ただ、いかなることがあっても「守り抜かねばならない」という意味の誓いのことばであれば、インド全般には「ヴラタ」という語が用いられます。そうしなかったのは、先にも述べましたように、ゴータマ・ブッダは、他の教団が掲げる生活規律（戒、シーラ・禁《ごん》、ヴラタ）に心を傾けることを厳しく戒めました。ですから、「ヴラタ」という語は避けられ、ふつうには「約束」ほどの意味で用いられている、いわばどの教団の垢《あか》もついていない「プラニダーナ」が採用されたのではないかとわたくしは考えます。

讃仏運動――大乗仏教への助走路

さらに一方では、ゴータマ・ブッダの生涯をいやがおうにも讃美《さんび》しつくし、さらにいっそう神格化を進める運動が展開されました。これを讃仏《さんぶつ》運動、あるいは讃仏乗といいます。そのために、つぎつぎと、ゴータマ・ブッダの行跡について記した文学作品（仏伝《ぶつでん》といいます）が生み出されていきました。仏伝の原型は律蔵の一部に見られるといえますが、律蔵における記述が簡潔で史料的な信頼度が高いのにくらべ、讃仏運動で作られた仏伝は、信じがたい奇跡の羅列と誇張によって特徴づけられており、文学作品としては評価できるとしても、史料的価値はきわめて低いといわざるをえません。

讃仏運動の後半には、アシュヴァゴーシャ（馬鳴《めみょう》）の『ブッダ・チャリタ』（仏所行讃《ぶっしょぎょうさん》）という、正規のサンスクリット語で書かれた作品が現れました。この作品は、たいへん美しい詩でつづられており、インド文学史上では、のちに盛んになる宮廷詩（カーヴィヤ）の最初の作品として高く評価されています。

仏伝は史料的価値はきわめて低いといいましたが、大乗仏教思想とのつながりという点から見れば、そこには重要な考えが展開されています。

といいますのも、多くの仏伝は、目覚めた人になる前のゴータマ・ブッダ（菩薩）が、六波羅蜜の行に邁進《まいしん》したといっています。この六波羅蜜行は、大乗仏教の菩薩行の中核を占めるものです。讃仏運動と大乗仏教とは、深いつながりをもっているのです。

また、仏や高僧の遺骨（舎利《しゃり》）や遺品を収めた仏塔がたくさんつくられ、たくさんの在家信者の集まるところとなりました。たとえば、有名なサーンチーの仏塔の附属施設には、ゴータマ・ブッダの前生物語や仏伝をモチーフにした洗練された浮き彫りがほどこされています。仏塔も、讃仏運動、讃仏乗の重要な拠点となったのです。

Ⅳ　大乗仏教

大乗仏教とはなにか

紀元前一世紀の後半あたりから、新しい仏教を提唱する、おそらく自然発生的な大衆運動が展開されました。そして、その運動の担い手たちは、みずからの仏教を「大乗」（マハーヤーナ、偉大な仏教）と呼び、伝統仏教、とくに説一切有部《せついっさいうぶ》の仏教に「小乗」（ヒーナヤーナ、欠陥仏教）という蔑称《べっしょう》を与えました。

そしてかれらは、ゴータマ・ブッダに仮託した数多くの経典を精力的に創作しました。歴史的に見れば、大乗経典というのは、ゴータマ・ブッダその人に源を発することのない、新たにこしらえられたものですから、伝統仏教からは、「大乗非仏説」（大乗はゴータマ・ブッダが説いた教えとは無関係である）との、当然の非難が浴びせられました。この歴史的事実は、しっかりと把握しておかなければなりません。

とはいえ、大乗仏教は、とにもかくにも新たな仏教の世界を創出し、それが広範な人びとの支持を得て発展していき、たとえばわが国にも絶大な影響を及ぼしたことを考えれば、わたくしたちとしては、多少気になることはあっても、大乗仏教を、たとえ批判的にではあれ、それなりにまともに評価しなければなりません。

さて、一口に「大乗仏教」といっても、中身は雑多で、大まかには、般若波羅蜜《はんにゃはらみつ》系、浄土教系、華厳《けごん》系、法華《ほっけ》系など、趣のちがういくつもの流派に分かれています。このように雑多であるというのは、大乗仏教が、特定の個人や狭いエリート集団の創唱になるものではなく、自然発生的な大衆運動のなかから芽生えたことをはっきりと指し示しています。雑多とはいえ、しかし、総じて大乗仏教といわれるからには、おのずから共通した特徴というものがあります。それを列挙すれば、以下のとおりです。

一、超人的、超越的な仏や菩薩《ぼさつ》の無限の慈悲による民衆（衆生《しゅじょう》）の救済。

二、すでに過去仏《かこぶつ》や未来仏《みらいぶつ》への信仰はありましたが、とくに大乗仏教になりますと、無数の現在仏《げんざいぶつ》が、それぞれの国土（仏国土《ぶっこくど》）の教主《きょうしゅ》として存在し、それぞれの個性を発揮して民衆の救済に奔走してくれるのだという考えが前面にでるようになります。

三、かつては、「菩薩」というのは、成道《じょうどう》以前のゴータマ・ブッダだけを指すことばでしたが、大乗仏教では、仏になることを目指しながら、しかも民衆救済という利他行《りたぎょう》に身を挺《てい》する人は、みな菩薩と呼ばれるようになります。菩薩の大衆化でありますが、同時に、菩薩たるもの、「自未得度《じみとくど》、先度他《せんどた》」（自分が彼岸《ひがん》に渡るより先に、ほかの人みんなを彼岸に渡らせる）という心構えをもたなければならないとされます。

四、右の延長線上にあることですが、大乗仏教では、だれもが仏となれる素質（仏性《ぶっしょう》、如来蔵《にょらいぞう》）をもっているとされます。この考えが急進化して、やがて、われわれはすでに永遠の昔から仏なのだとする、いわゆる本覚《ほんがく》思想が生まれます。この考えは、ヒンドゥー教の神秘主義的一元論の主張と基本的に変わりません。
五、それゆえ在家も積極的に仏教に関われるとする在家主義的な思想を展開します。
六、大乗経典を読んだり、その普及活動をすることだけで功徳《くどく》がある、あるいは、いかなる災厄もまぬがれることができるとします。
七、仏や菩薩の名号《みょうごう》を念じたり、呪文《じゅもん》（真言《しんごん》、陀羅尼《だらに》）を唱えるだけで、あらゆる災厄を払う神秘的な力が授かるとします。たいへん呪術的《じゅじゅつてき》なのです。
八、無思考の瞑想《めいそう》の極致である三昧《さんまい》体験を特別視し、三昧体験を得ただけで自動的に智《ち》慧《え》がそなわる、あるいは自動的に救済されるとします。
九、自力《じりき》によるにせよ、他力《たりき》によるにせよ、一足飛びにワープして彼岸に渡れるとします。苦しみと迷いの大河を小さな筏《いかだ》で渡るような、不屈の努力は不要だとします。

大乗仏教の起源はなにか

大乗仏教の起源につきましては、いまだはっきりとした学問上の定説はありません。

五十年ほど前までは、大乗仏教は、大衆部《だいしゅぶ》系の部派仏教が、そのままストレートに発展したものであるというのが定説でした。たしかに、大衆部系の部派のなかには、現在仏《げんざいぶつ》による救済という、大乗仏教の大きな特徴になる考えをしているものもあります。しかし、出家《しゅつけ》至上主義の部派仏教から、在家主義的な大乗仏教がすんなりとでてくるというのも納得のいかない話です。

大乗仏教の有名な経典である『維摩経《ゆいまぎょう》』では、在家の維摩居士《ゆいまこじ》が、智慧の権化《ごんげ》といわれる文殊《もんじゅ》をはじめとする仏弟子たち全員をぎゃふんといわせています。出家にたいする在家の優位をうたうなど、まともな出家のできることではありません。

そこで、四十年ほど前に、平川彰《ひらかわあきら》博士が、大乗仏教は、仏塔《ぶっとう》信仰をベースにして生まれたとする新説を打ちだしました。

讃仏《さんぶつ》運動のなかで、仏塔崇拝は大きな位置を占めました。財産の管理ということもあり、仏塔を管理するのは厳しい戒律のもとで集団生活をする純然たる出家ではなく、そうした本格的な出家ではないけれども、簡単な戒律をゆるく保ちはしているのでたんなる在家でもない(非僧非俗)人たちでした。その管理者たちのなかから、仏塔巡拝の大衆に向かって、仏伝《ぶつでん》文学をもとにして仏の偉業をたたえ、仏の奇跡を説いて語る専門家が生まれました。やがて、かれらは出家になりかわって在家巡拝者たちに、かれらの心にうまくフィットする教えを説くようになりました。「法師《ほうし》」（ダルマ・バーナカ、ブッダの偉大さをほら貝のように吹き鳴らす人、の意）というのは、そのような人びとであったといいます。そのかれらが、ときに大衆部系の出家たちの智慧を拝借しつつ、独自の大乗の教えを練り上げていったというのです。

ただ、それだけで大乗仏教のあの強烈な救済主義が生まれたとするわけにはいきません。わたくしは、基本的に平川博士の説に準拠しつつも、ヒンドゥー教の影響という側面をもっと強調すべきではないかと考えています。すなわち、大乗仏教は、ゴータマ・ブッダの仏教からのおのずからなる発展形態ではまったくないことを、しっかりと見つめるべきだということです。

ヒンドゥー教というのは、バラモンたちが、みずからの古来のヴェーダの宗教に、先住民族の宗教を習合させてできあがった民衆宗教で、紀元前三世紀以降、大きな盛り上がりを見せ、やがて、インドの代表的宗教へと展開していきます。

バラモンたちは、仏教やジャイナ教といった、非バラモン主義的で、典型的な都市型宗教の隆盛に危機感をいだき、それまで野蛮人あつかいしていた先住民族をみずからの社会に取りこむことで、勢力挽回《ばんかい》をはかり、そうした新しい宗教をつくったのです。

習合には、シヴァ神を最高神として、先住農耕民族の地母神《ちぼしん》をその妻として位置づけるというやりかたと、ヴィシュヌ神を最高神として、先住民族の伝説的英雄たちを、ヴィシュヌ神の化身《けしん》として位置づけるというやりかたとの、大きくふたつに分かれます。

ヒンドゥー教の初期には、ヴィシュヌ崇拝が優勢でした。ヴィシュヌ神は、この世が不義と虚偽におおわれ、民衆が苦しんでいるとき、そのときに応じた化身となってこの世に現れ、正義と真実を回復し、民衆を救済する神として、絶大な人気を得ました。のちに、ヒンドゥー教のバイブルといわれて今日も尊ばれている『バガヴァッド・ギーター』（これもまた大乗仏教からの刺激の産物）には、最高神ヴィシュヌに絶対的に帰依《きえ》すれば、神はその人に絶対的な恩寵《おんちょう》を与え、ときによっては解脱《げだつ》まで保証してくれると説かれています。

簡単にいえば、救済主義的な民衆宗教として成功を収めつつあったヒンドゥー教にあこがれた仏教の在家信者たちが、同じような救済主義的な民衆宗教としての、自分たちのための新しい仏教をつくろうとした、これが仏塔崇拝と連結して生まれたのが大乗仏教運動だとしますと、いろいろな話がうまく説明できると考えます。

非僧非俗の法師たちについて

初期大乗経典の多くには、出家、とりわけ仏弟子（声聞《しょうもん》）と一匹狼（独覚《どっかく》。縁覚という誤訳もあります）たちを小馬鹿にする文言がみられます。たとえば、有名な『般若波羅蜜心経』で、十二処十八界、四聖諦《ししょうたい》、十二因縁《いんねん》といった、かのゴータマ・ブッダが声聞のために説いた教えはまったく無用であると切り捨てられています。『法華経《ほけきょう》』の「方便品《ほうべんぼん》」では、ゴータマ・ブッダは、自分が声聞たちのためにこれまで説いてきた教えは方便にすぎず、真実には菩薩を中心とする一仏乗があるのみだと宣言しましたが、これを聞いた声聞たちのほとんどは腹を立ててブッダのもとから去っていったとあります。

そして、ここが肝腎《かんじん》のところですが、『法華経』の場合、声聞たちのほとんどが去ったあと、残ったのは、ブッダが賞賛してやまない観音菩薩をはじめとする無数の菩薩たちと、この経を広める活動をすれば無量の功徳になるからと鼓舞してやまない法師たちだけです。この経の「法師品」と「法師功徳品」では、法師のすべきこととして、この経を記した写本をしっかりと所持し、書写し、(多くの人びとに聞こえるように)読み上げることなどがあげられます。

先に、法師は非僧非俗だと書きました。つまり、簡単な戒を受けた(出家見習いの沙弥《しゃみ》程度)という意味では非俗の出家なのですが、僧にあらず、つまり出家の集団特定の寺院に属するものではないのです。我が国でも、教信沙弥《きょうしんしゃみ》、蓮胤《れんいん》を号した鴨長明《かものちょうめい》、死ぬまで権勢を振るった清盛《きよもり》入道や後白河《ごしらかわ》法皇、西行《さいぎょう》法師、兼好《けんこう》法師、観阿弥《かんあみ》、世阿弥《ぜあみ》など、みなそうした自由なライフスタイルを取った法師たちが無数に現れ、日本の歴史・文化の形成に多大な貢献をしました。

このように、法師は厳しい戒律の下で集団生活をする僧からは独立していますから、戒《かい》定慧《じょうえ》などそもそも眼中にありません。ですから、僧を平然と嘲笑《ちょうしょう》することができたのです。

また、最初期の法師たちは、仏塔や仏蹟《ぶっせき》を参拝におとずれる在家の老若男女を日常的に相手にして法を説きました。仏教は生まれてからこのかた出家至上主義に立ち、冠婚葬祭などはすべて俗事であるとして出家はタッチしませんでした。他のジャイナ教やヒンドゥー教にくらべれば、仏教はそれまで在家の面倒見がきわめて悪かったのです。

仏塔や仏蹟を巡拝する人は、日常生活では仏教教団とはあまりかかわらず、ヒンドゥー教などが指導する在家生活を送っていました。ヒンドゥー教とその前身であるヴェーダの宗教（バラモン教）は、ヴェーダ聖典のことば（ブラフマン）は世界を創る驚異的な力をもっているという感覚を生命感覚としています。この生命感覚を仏教に流入させることに大きな働きをした人びと、これこそが法師だったと考えると、ことばの力（本願力）を追求する菩薩行が大乗仏教の中核をなしたことのいきさつが手に取るように分かります。

これにより、ブッダの教えの口伝《くでん》を担う出家たちが厳しい戒律の下で集団生活をしながら必死にけっしてまちがうことの許されない暗記に励まなければならないのにたいして、書伝（文伝《もんでん》）で済む大乗仏教の徒たちは、集団生活をしなければならない必要がまったくありませんでした。ですから、インドの地にあって「大乗教団」がなかったというのは、しごく当たり前のことなのです。

大乗経典の写本に異読・異本が目立つのはまさにこのためなのです。

大乗教団が成立したのはチベットにおいてでした。七世紀前半にはじめてチベットを統一したソンツェンガンポ王は、新しい国の建国理念を大乗仏教に求め、そこで大乗仏教教団を初めて設立させた、というしだいです。

口伝と書伝（文伝）とがいかに異なったものであるのか、これをしっかり認識しておきませんと、とんだ迷路にはまることになりますので、ご注意を。

無数にいる現在仏

過去仏と未来仏への信仰は、はるか以前に成立していました。しかし、過去仏の最後であるゴータマ・ブッダの入滅《にゅうめつ》から未来仏である弥勒《みろく》仏の出現までには、おそろしく長い時間がかかり、それまではこの世に仏はいないということになっていました。これはやや絶望的な話で、そこで、すでに大衆部系では、今現在、活躍中の仏がいるという考えを打ちだしました。この現在仏説を受けついで気宇壮大な話に仕立てたのが大乗仏教です。

大乗仏教では、三千大千世界《さんぜんだいせんせかい》（略して三千世界）ということをいいます。

須弥山《しゅみせん》（スメール）という高山を中心としたわたくしたちの大陸と海の領域に、太陽があり、月があり、星がありという、いわば太陽系といったひとまとまりの宇宙を「世界」といいます。それが千個集まったものを「小千世界」といいます。その小千世界が千個集まったものを「中千世界」といい、中千世界が千個集まったものを「三千大千世界」といいます。つまり、三千大千世界は、太陽系宇宙が千の三乗個、つまり十億個集まった巨大な世界です。

この三千大千世界にはひとりの仏がましまして、教主として教えを説き、民衆救済事業に専心しているといいます。そこで、この三千大千世界は、仏国土といいます。そして、大乗仏教では、この仏国土は、あらゆる方角（尽十方）に無数存在するとされます。そして、代表的な仏国土としましては、薬師如来《やくしにょらい》（如来と仏は同じ）の東方浄瑠璃《とうほうじょうるり》世界、阿閦《あしゅく》如来の東方妙喜《みょうぎ》世界、阿弥陀《あみだ》如来の西方極楽《さいほうごくらく》世界などがあります。とくに極楽世界はわたくしたちにはおなじみで、まさに理想的な楽園として描かれています。

ただし、わたくしたちが住んでいる国土は娑婆《しゃば》世界（サハー・ローカ、忍土《にんど》）といわれ、残念ながら、弥勒仏が出現するまではやはり無仏《むぶつ》だということになっています。

一方、華厳系の『梵網経《ぼんもうきょう》』によれば、ウルトラ超越級の毘盧舎那《びるしゃな》（ヴァイローチャナ）という名の仏がいて、蓮華蔵《れんげぞう》世界で教えを説いているといいます。

この蓮華蔵世界というのは、巨大な千枚の蓮の葉からできており、その一枚の葉がひとつの大きな世界に相当し、さらにそのなかに、ふつうの（太陽系ぐらいの？）世界が百億個あるといいます。

毘盧舎那仏は、みずから千人の釈迦《しゃか》（ゴータマ・ブッダ）に化身し、千枚の蓮の葉のひとつひとつに住み、そして、そのひとりひとりの釈迦が、さらに百億人の釈迦に化身して、それぞれ、菩提樹《ぼだいじゅ》の下で教えを説いているとされます。

わが国では、奈良時代に、全国に国分寺《こくぶんじ》が、そして中央には総国分寺としての東大寺《とうだいじ》が建立され、その東大寺には、巨大な毘盧舎那仏が安置されています。これは、右に述べた『梵網経』の世界観を根拠にしたものです。

スーパースターの観音菩薩

大乗仏教では、だれでもが（出家、在家の区別を問わず）、決意し、誓いを立てさえすれば菩薩《ぼさつ》になることができるとされますが、じっさいのところ、大乗仏教徒の圧倒的多数は、みずからが菩薩になって民衆の救済に奔走するよりも、神話的、超越的な菩薩の慈悲による救済を待つというほうを望みました。

大乗仏教では、こうした神話的、超越的な菩薩がたくさん登場しますが、人気ナンバー・ワンのスーパースターはといえば、これはもう観音《かんのん》菩薩にとどめをさします。

観音菩薩の起源は謎に包まれています。「観音」（観世音《かんぜおん》）の意味もそうですが、インドの原語がなにであったかすらも、まだ学問的議論の決着はついていない状態です。

しかし、観音菩薩が、ヒンドゥー教の最高神ヴィシュヌをモデルにした、大乗仏教最古の神話的菩薩であることは、状況証拠からしてほぼ明らかではないかと思われます。

まず、観音菩薩は、民衆を救済するために、変化身《へんげしん》（さまざまな階層、職業の男女）をもってこの世に現れるとされます。『法華経』のなかの「普門品《ふもんぼん》」には、三十三の変化身をとるとされています。わが国には、各地に三十三カ所観音霊場がありますが、それは、この「普門品」の記述に由来しているのです。

また、別には、観音菩薩は、聖《しょう》観音、千手《せんじゅ》観音、馬頭《ばとう》観音、十一面観音、准胝《じゅんでい》観音、如《によ》意輪《いりん》観音の六観音、あるいはそれに不空羂索《ふくうけんじゃく》観音を加えた七観音というヴァリエーションをもつとされ、多くの有名な像が作成されています。

このように、さまざまな変化身をもって現れるというのは、化身として現れるということでありまして、これこそは、ヴィシュヌ神の最大の特性なのです。

また、千手観音は、正式には千手千眼《せんげん》観音といいます。千の手をもち、その手のひらのひとつずつにひとつの眼がついていて、苦しんでいる人をひとりも見逃さずに救済するというわけです。ところが、この「千手千眼」というのは、もともとはヴィシュヌ神の異名なのです。ヴィシュヌ神は、本来は太陽神でありまして、千の光線（カラ）を放つ存在とされます。この「カラ」は、「手」という意味もありまして、そこで、ヴィシュヌ神は、千の手で民衆をあますところなく救済すると考えられたのです。

浄土教系経典では、観音菩薩は千の光線を放つとともに、その一々の光線に仏を宿すとされます。こうした仏は観音菩薩が化作《けさ》したものだということで、「化仏《けぶつ》」と称されます。わが国では古くは額に一体の化仏を見せる観音菩薩像が多数作製されましたが、不思議なことに平安時代になると作製されなくなっていきました。

ちなみに、観音菩薩の住まいは、南インドの架空の地ポータラカ（補陀落《ふだらく》）にあり、前は海（あるいは湖）、うしろは高い山という、風光明媚《ふうこうめいび》なところだとされています。中禅寺湖《ちゅうぜんじこ》と男体山《なんたいざん》との絶妙な組み合わせで、日光《にっこう》は古くから補陀落浄土とされていました。その「補陀落」がなまって「二荒《ふたら》」、これが音読され、ついでに別の字が当てられて「日光《にこう》」となりました。意外性がありながらももっともなおもしろい話です。

仏像の作製はじまる

紀元前三世紀ぐらいから、立派な仏塔がたくさん建立されるようになりました。その仏塔の装飾として、ゴータマ・ブッダの前生物語《ぜんしょう》（ジャータカ）や仏伝《ぶつでん》をテーマにした浮き彫り（レリーフ）がさかんに作製されました。ところが、成道《じょうどう》以降のゴータマ・ブッダは、けっして具体的に描写されることはなく、菩提樹とか、法座《ほうざ》とか、法輪《ほうりん》とかによって、象徴的に表現されるだけでした。

仏像が作製されず、ただ象徴的にしか表現されなかったというのは、ゴータマ・ブッダがあまりにも偉大で畏《おそ》れ多かったからだと説明されることがままあるのですが、この説は当たっていないようです。ゴータマ・ブッダは成道をもって涅槃《ねはん》に入った人であり、もちろん、輪廻転生《りんねてんしょう》から解脱《げだつ》した人であるから、肉体を離れた存在であり、永遠の真理（法）そのもの（法身《ほっしん》）と一体視されていました。そのような人を、姿かたちをもって表現するのは適切ではないし、またそのようなことはすべきでないと考えられた、というのが本当の理由のようです。

ところが、紀元後一世紀の末から二世紀の初めごろに、ガンダーラ地方とマトゥラー地方とで、ほぼ同時に仏像が作製されはじめました。

ガンダーラ地方には、具象を好むギリシア系の人びとが多数住んでいたので、それまでの禁を犯して勝手にグレコ・ローマン風の仏像を作りはじめたといわれますが、それだけでは、マトゥラー地方での仏像作製開始のきっかけを説明することはできません。

仏像作製開始の理由については、はっきりとした学説がありませんので、あえて臆測《おくそく》でいわせてもらいますと、これは、仏教が、供養《くよう》（プージャー）という儀礼方法を採用していたことと関連があるのかもしれません。供養というのは、花や香《こう》や水や食物などを、尊敬する人に供えてもてなすことをいいます。ですから、供養の対象は、どうしても、具体的な姿かたちをもった人物であるほうがよいということになります。

大乗仏教運動は、すでに述べましたように、讃仏運動の盛り上がりの上にできあがってきたものですから、この運動の担い手たちにとって、そうした思いはきわめて強かったと想像できます。この思いの強さが高じて、ついにそれまでの禁を犯して、堰《せき》を切ったように仏像を作製しはじめたのではないでしょうか。ですから、仏像作製開始の理由は、理屈を超えた信心の情念の問題だったといってよいのではないでしょうか。

いずれにしましても、仏像作製の開始という事件は、大乗仏教の成立とその興隆、これと深い関係にあるものと考えられます。

1. 初期大乗仏教

空を説く般若思想

般若《はんにゃ》系の大乗仏教には、『八千頌《じゅ》般若波羅蜜経』や『大般若波羅蜜経』、小本と大本が並んである『般若波羅蜜心経』や『能断金剛般若波羅蜜経』をはじめとして、おびただしい量の経典があります。

「般若」というのは、「プラジュニャー」の音を写した漢訳語で、別の意訳では「智慧《ちえ》」とされます。大乗仏教では、かなり神秘的な色合いをもたされるようになりますが、いずれにせよ、般若、智慧というのは、ただの知識ではなく、それを完全に得ることによって目覚めた人、ブッダになれる、そのような高度に磨きぬかれた知のことをいます。

波羅蜜《はらみつ》とはサンスクリット語パーラミターの音写漢訳語ですが、初期大乗経典の作成を担った非僧非俗の法師たちは、正規のサンスクリット語に不慣れで、仏教混淆《こんこう》サンスクリット語（ブディスト・ハイブリッド・サンスクリット）という変則だらけのブロークンなサンスクリット語しか扱えませんでした。そのかれらが、もとは「パーラミティ（パーラム・イティ）」（彼岸《ひがん》に到ること、つまり目覚めること。ボーディ、菩提《ぼだい》、覚）という形だったのが、「彼岸に到ることを目指す行を修する」というフレイズで、単数処格「パーラミティヤーム」とあるべきところが「パーラミターヤーム」と誤読され、ここからもとの単語が「パーラミター」であったと誤解されました。

菩薩《ぼさつ》は、その行《ぎょう》を開始するにあたって、いくつかの誓いのことばを立てます。そしてその誓いのことばをいかなる困難にもめげることなく守り抜くことではじめの誓いのことばを、世界を創る力をもつヴェーダ聖典のことば並びに大願を実現せしめる驚異的な力をもつ違《たが》うことのない真実のことばに仕立て上げ、その力によって本懐を遂げようとします。「パーラミター」という語は、たんに「彼岸に到ること＝目覚めること」だけでなく、それを目指す行の末に手に入れる驚異的な力をもつ違うことのない真実のことばそのものも意味するようになりました。

『般若波羅蜜心経』のはじめには、「聖《しょう》観音菩薩が彼岸に到るという深甚の目標を目指す行を修しているとき」とあり、最後近くには「ゆえに知るべきである。般若波羅蜜は大いなる智慧の真言であり……虚《むな》しくないがゆえに違《たが》うことのない真実のことばである、と」とあり、最後の呪文で「到ることよ、到ることよ、彼岸に到ることよ、彼岸にまったく到ることよ、目覚めること（ボーディ、菩提）よ、弥栄《いやさか》！」と結ばれます。

のちに、二十歳になるまで仏教についてほとんど無知に等しかったバラモン教のエリート（とくに薬学のエクスパート）だった龍樹《りゅうじゅ》が死罪をもまぬがれないスキャンダラスな事件を惹起《じゃっき》したことを悔いて仏門をたたき、正規のサンスクリット語を展開してから、ブロークンサンスクリット語の単語で、かつまた写誤・誤読で歪《ゆが》められた「パーラミター」という語は急速に使用されなくなり、それにかわり、それと同じことを意味する「目覚めること（ボーディ）を目指す行（チャリヤー）」（菩提行）が用いられるようになりました。それに伴い、「パーラミター」がブロークンな言語世界のなかで何を意味していたのかが大乗仏教徒の間でも分からなくなっていきました。

ですから、そういった般若波羅蜜を高らかに謳《うた》い上げた経典の真意を、漢訳者たちのほとんどは理解できませんでした。

「ヴァジュラッチェーディカー・プラジュニャーパーラミター（・スートラ）」を、本場インドで正規のサンスクリット語を習得した玄奘や義浄《ぎじょう》は、さすがに『能断金剛般若波羅蜜経』（堅固なものの代表である金剛石すなわちダイヤモンドをも断ち切るほどの驚異的な力をもつ般若波羅蜜を説く経典）と訳しましたが、巷間《こうかん》流布したのは、誤訳だらけの『妙法《みょうほう》蓮華経《れんげきょう》』（法華経）も漢訳した鳩摩《くま》羅什《らじゅう》の訳になる『金剛般若波羅蜜経』でした。そして、やがてこれは『金剛般若経』と「波羅蜜」抜きになり、鈴木大拙《すずきだいせつ》さんにいたっては『金剛経』、Diamond Sutra となり、今日にいたっています。

我が国の弘法大師空海《こうぼうだいしくうかい》の主著の一つに『般若心経秘鍵《ひけん》』というタイトルのものがありますが、見てのとおり、「波羅蜜」抜きです。

（一九八〇年代には「講座大乗仏教」全十巻、二〇一〇年代には「シリーズ大乗仏教」全十巻がともに春秋社から刊行されましたが、パーラミター（波羅蜜）という、初期大乗仏教の中核をなす菩薩の行の中核となる理念について一言も触れられていないことに、わたくしは驚愕《きょうがく》するというかあきれるというか、そういう思いに駆られてやみませんでしたし、今もなおやみません。どうしたことなのでしょうか。）

空について

さて般若、智慧の中身はといえば、空《くう》といったあたりのことになります。

初期大乗仏教は、ことばが世界を創る力を持つ、困難な修行で守り抜かれた誓いのことばはいかなる大願をも実現せしめる力をもつという、ヴェーダの宗教（バラモン教）の生命感覚を大々的に取り込みました。

まず、世界の森羅万象を創る力をもつヴェーダ聖典のことばブラフマンとは、「膨脹する」を意味する動詞語根ブリフから派生したもので、膨脹して世界を創る力をもつことばを意味します。

ことばが世界を創るというヴェーダの宗教以来のインドの伝統的な生命感覚が讃仏乗と大乗仏教の生命感覚の引き写しだということがわかれば、ことは簡単です。空（中身が空っぽ）を意味する「シューニヤ」という語は、「膨脹する」を意味する動詞語根「シュヴァー」の過去受動分詞形「シューナ」（ことばが膨脹してできたシャボン玉状態の森羅万象）の形容詞形です。

つまり、一切はみな中身が空っぽの空だということは、ことばが世界を創った、創る力があるとする生命感覚の持ち主からすれば、しごく当たり前のことなのでして、そうではない生命感覚、つまりことばと森羅万象とは別物であるとする実在論を生命感覚として生きている者には、どうでもよいことであるとともに、空論者からとやかく論難されるいわれのない話なのです。

ですから、実在論者が一切空を論証するなど、ありえないのです。龍樹をはじめとして、実在論の言い分に立った上で一切空は論証されると説く人びとは、とんでもないペテン師だとしかいいようがありません。

深遠な教えを説く華厳思想

華《け》厳《ごん》経典のうち、『梵網経《ぼんもうきょう》』に説かれている気宇壮大な毘《び》盧《る》舎那《しゃな》仏《ぶつ》の世界については、すでに紹介しました。華厳系の大乗仏教は、そうした世界観だけでなく、全体として、なにか奥深い真実を語ろうとします。しかし、それだけにまた難解だともいわれます。

のちに中国の仏教徒たちは、『華厳経』は、ゴータマ・ブッダが、その目覚めの境地を最初に、しかも直接体験に即して説いたものだと考えました。つまり、『華厳経』は、ゴータマ・ブッダのモノローグ（独り言）のようなもので、他人のためにやさしく説こうという意図が希薄であり、生なましいだけに常人には近づきがたいものだとされます。

華厳経典によりますと、ゴータマ・ブッダは、目覚めのときに海印三昧《かいいんざんまい》に入っていたのだとされます。海印三昧とは、波ひとつない広大な海に、宇宙のすべてのものごとが写しだされているのとまったく同じ静かで安らかな境地、という意味です。

ゴータマ・ブッダの目覚めのときの体験についてのこうした解釈は、今日にいたるまで大きな影響を及ぼしてきました。

海印三昧というのは、じつは、紀元前八世紀ごろに、ヴェーダの宗教の伝統のなか、シャーンディリヤという人が瞑想で得た体験に源を発すると考えられるものなのです。

かれの語っているところによれば、瞑想の極致においては、自己を自己たらしめている本体的原理アートマン（我《が》）と、あらゆるものがそこから流出してまたそこへと還流していく世界の根本原理ブラフマン（梵《ぼん》、つまり世界の本源であることば）とは、まったく同一のものとして体験できるといいます。これを漢語の造語で「梵我一如《ぼんがいちによ》」といいます。

梵我一如という瞑想体験は、そののち最初期のウパニシャッド文献に登場する二大哲人、ウッダーラカ・アールニとヤージュニャヴァルキヤによって洗練されて一元論哲学となり、ヴェーダーンタ学派によって継承されてさらに発展し、やがてインド哲学の最大の潮流を形成することとなりました。

海印三昧というのは、こうしたインド一元論哲学の基礎となった梵我一如体験と、本質的に同じなのです。華厳経典の解釈では、ゴータマ・ブッダの目覚めのときの体験は、宇宙との合一体験であることになります。この解釈は、のちに密教において格段に強調されるようになり、今日でも、目覚め（悟り）とは、宇宙との合一を体験することだ、そして、目覚めのときに発見した真理（法）は、宇宙の理法にほかならないとする見解をもつ仏教学者は数多くいます。困った話なのですが、ともあれ、華厳系の大乗仏教には、ヒンドゥー教の一元論哲学からの影響が濃厚にあるということなのです。

この海印三昧ということと関連して、『華厳経』には、「三界《さんがい》は虚妄《こもう》にして但《た》だ是《こ》れ一心の作《さ》なり」という有名な文句があります。のちには略して「三界唯心《さんがいゆいしん》」といわれますが、つまりは、世界が自分の心の外にあると思うのはまちがいで、真実には、世界は心のはたらきの反映したもの、すべては心の内のものごとだというわけです。海印三昧では、我《が》（心）が拡大して世界を包摂するのですから、こうした理解がでてくるのも当然です。こうした考えを唯心論といいまして、後世に絶大な影響を及ぼしました。

また、この延長線上の話になるのですが、『華厳経』は、「如来性起《にょらいしょうき》」ということを主張します。ここで如来というのは、宇宙と合一した、真理としての仏のことです。宇宙の真理そのものが、ありのままで起こり展開しているのがこの世界だというのです。これは、のちの如来蔵《にょらいぞう》縁起説なるものへと直結し、本覚《ほんがく》思想を開花させ、ますます大乗仏教をヒンドゥー教的な一元論へと接近させる根源としての役割を果たしました。

なお、『華厳経』の一チャプターとされる「入法界品《にゅうほっかいぼん》」は、文殊の指示で善財童子が五十三人のかなり個性的でいかがわしい人びとの多い善知識（精神的指導者）を遍歴するという話で、最後に文殊から、「スタート地点がゴールだったのだ」（初発心時便成正覚《しょほっしんじべんじょうしょうがく》）と諭されたとあります。サンスクリット語のタイトルは、従来「ガンダ（いぼ）・ヴィユーハ（移動）」とされてきましたが、わたくしは、文字の読みまちがいで、「マンダ・ヴィユーハ」（法界の移動）が正しいと考えております。漢訳題名は正しかったのです。

楽園を説く浄土思想

三千大千世界の話のところで述べましたが、大乗仏教では、無数の現在仏《げんざいぶつ》が、それぞれみずからの世界(仏国土)の教主《きょうしゅ》となって、民衆救済のために活躍してくれていると考えられています。ただし、わたくしたちが住んでいるこの娑婆《しゃば》世界は、ゴータマ・ブッダが入滅してから弥勒《みろく》が目覚めた人ブッダになるまでの五十六億七千万年のあいだは無仏《むぶつ》だということになっています。

現在活躍中の無数の仏は、みな、長い厳しい菩薩《ぼさつ》の行《ぎょう》を積んだその報酬として仏となり、みずからの国土を手に入れているのでして、そうした国土は、その菩薩の行によって浄め《きよ》られているとされます。このため、中国では、仏国土のことを「浄土」と呼び、「穢土《えど》」としての娑婆世界と対比させました。中国で誕生した「浄土」ということばを、時代をさかのぼって初期大乗仏教にまで適用するのはいかがなものかとの見解もありますが、ほかによいいいかたがありませんので、世間一般の用法にしたがい、ここでも「浄土思想」「浄土経典」と記すことにします。

というわけで、浄土というのは無数にあるわけですが、そのなかでも、もっとも美しい浄土として人びとの注目を集めたのが、阿弥陀仏が教主となっている西方極楽世界でした。あまりにも極楽世界が讃美《さんび》されたため、のちには、浄土といえば極楽世界、という観念連合ができあがってしまいました。

浄土経典には大小さまざまありますが、中国、日本では、『大無量寿経』『観無量寿経』『阿弥陀経』が「浄土三部経《さんぶきょう》」として珍重されています。

『大無量寿経』は、つぎのような話を伝えています。

はるか遠い昔、世自在王如来《せじざいおうにょらい》という仏がおり、その教えを聞いたある国王が、深く道心を起こし、王位を捨てて出家修行僧（比丘《びく》）となり、法蔵《ほうぞう》（ダルマーカラ）と名乗りました。かれは、修行して仏となったあかつきには、みずからの仏国土《ぶっこくど》を建設しようと決意しました。そして、その仏国土は、あらゆる仏国土の清浄な荘厳《しょうごん》を、すべてそなえたものでなければならないと考えました。かれは、じつに五劫《こう》のあいだ、実現すべきみずからの仏国土をどのように荘厳しようかと考え抜きました。これを五劫思惟《しゆい》といいます。そのあと、またふたたび世自在王如来のもとにおもむき、有名な四十八（サンスクリット原典では四十九）の誓願を立て、そしてそれをすべて完遂し、その結果違うことのない真実のことばとなった本の誓願のことばの力（本願力）によって阿弥陀仏となり、極楽世界を建設してその教主となりました。以上。

四十八願はいろいろですが、主旨は、すべての民衆が、死後、極楽世界に往生《おうじょう》できるようになるまでは、あえて仏とはならない、というものです。その四十八願が成就されたのですから、人びとは、みな、極楽往生が保証されているということになります。

なお、注意しておかなければならないのは、極楽往生は最終目標ではなく、最良の環境のなかで阿弥陀仏の教えのもと、修行に専心して仏になることだということです。極楽往生は、迷いと苦しみの輪廻《りんね》の世界から涅槃《ねはん》にいたる最短コースの抜け道なのです。

『観無量寿経《かんむりょうじゅきょう》』は、観想《かんそう》の念仏のしかたを説いた経典です。観想の念仏とは、阿弥陀仏、その脇侍《きょうじ》の観音菩薩と勢至《せいし》菩薩、そして極楽世界のありさまを、すみからすみまでまのあたりにするかのように具体的にイメージすることをいいます。

これは、般舟三昧《はんじゅざんまい》（仏立三昧《ぶつりゅう》）という、仏を具体的にイメージしつづける（仏の姿を念ずる、念仏する）ことによって、生身《なまみ》の仏を本当にまのあたりにする体験とも関連しています。いずれにせよ、観想の念仏というのはたいへんな努力を必要とします。もっと簡便な口称《くしょう》（称名《しょうみょう》）の念仏というのは、中国、日本で発達しました。

理想主義の法華思想

『法華経《ほけきょう》』（鳩摩羅什《くまらじゅう》訳の正式名称は『妙法蓮華経《みょうほうれんげきょう》』、「白蓮華《びゃくれんげ》のように美しくて正しい真理を説いた経典」が原意）には、いくつもの重要な教えが説かれています。

まず、最初のほうの「方便品《ほうべんぼん》」では、ゴータマ・ブッダみずからが、これまで自分が声聞乗、縁覚《えんがく》(独覚《どっかく》)乗、菩薩乗と、三種の教え(三乗)を説いてきたのは、相手の資質に合わせた方便(仮の手段)なのであって、真実には、一乗(一仏乗)があるのみなのだと宣言します。そして、かれは、自分がこの世に現れた大きな目的(出世の一大事)は、すべての人びとを仏にする(成仏させる)ことであり、したがって、人びとはみな仏の子なのだといいます。

この考えは、まことに画期的なものなのです。

声聞というのは、仏の弟子で、みずからの解脱だけを求めるばかりで人びとを救済する慈悲心に掛けていて、阿羅漢《あらかん》にはなれても仏にはなれないとされていました。縁覚(独覚)というのは、実体はよくわからないところがありますが、一匹狼的な存在で、たとえみずから目覚めた人、ブッダとなっても、人に教えを説くことなく、そのまま埋もれて死んでいくのだといわれています。いずれも、大乗からは小乗として軽蔑《けいべつ》されていました。

ところが、『法華経』は、(天台宗による救済主義的解釈によれば、の話でありますが)小乗というのはただの方便で、真実には、小乗もまた一乗という大乗に包摂されるというのです。きわめて寛容、包摂的でありまして、いくつもの流派の大乗仏教のなかでも、とりわけ理想主義的な(極端に排他的であることの裏返しでもある)大乗仏教をうたっているのです。

仏の教えは平等で、たとえば万物に降りそそぐ雨のようなものであるけれども、その雨を受けて育つものには、草もあれば大樹もある、人もそれと同じだというわけです。『法華経』はまた、「寿量品《じゅりょうぼん》」で、仏の寿命は無限といってよいほど長いと説いています。では、あのゴータマ・ブッダはどうなのだ、かれは八十歳しか生きなかったではないかとの疑問がでてきます。それにたいして、『法華経』は、仏が無限といってよいほどの寿命をもって人びとの前にいつづけると、人びとは、仏に出会うことのありがたさがわからなくなる、だから、本当は遠い昔から今にいたるまで仏は生きつづけているのだけれども、釈迦《しゃか》族の国の王子としてこの世に生まれて見せ、八十歳で死んで見せたのだ、と主張します。希有《けう》の存在だからこそ、人びとはありがたがって本気になるというわけです。『法華経』は、永遠の仏のことを「久遠実成《くおんじつじょう》の本仏《ほんぶつ》」といいますが、その本仏が、寿命に限りのある生身《なまみ》の人間として生まれて見せ、死んで見せるということこそ、仏のすばらしい方便にほかならないというのです。

『法華経』も、般若経典と同じように、みずからを受持することがいかに功徳《くどく》となるかを執拗《しつよう》に説いています。また、法華の行者、つまり法師（非僧非俗）は、あらゆるところで迫害を受けるであろうが、それに耐えれば耐えるほど功徳はいや増しするともいいます。この点は、法華思想の徒が、実際に迫害を受けたことを反映しているとする解釈も行われていますが、じっさいはそれほどのことはなかったと思われます。

さらに、『法華経』は、土くれの仏像を作ることでも大きな功徳になることを強調していますが、一方で、最高の仏への供養は、あたかも祭りで犠牲に供えられる家畜のように、みずからの身を焼くこと（焼身供養《しょうしんくよう》）だともいっており、いささかファナティックな側面も見せております。

また、『法華経』の「普門品《ふもんぼん》」（「普門」とは「全方位、つまり十方に顔を持つ人」のことで、観音菩薩のこと）は、観音菩薩を信ずることであらゆる災厄を免れることを熱烈に説いています。このチャプターは、しばしば単独に受持されることがあり、『観音経』という独立の経典の扱いを受けています。

2. 中期大乗仏教

大乗仏教の旗振り役の変化

初期大乗仏教では、経典を作成し、それを広める役割を担った人びとは、集団（サンガ、僧伽《そうぎゃ》、僧）に属して戒定慧の三学を修するためにお経の暗唱にこれ努めてやまない（口伝のため）ふつうの出家ではなく、ごく簡潔な戒律を守りながらも集団生活をせず、ただの俗人ではないとはいえさりとてふつうの僧でもない、生涯沙弥《しゃみ》のままでいる法師や入道《にゅうどう》という自由人でした。ですから、初期大乗経典は、ふつうの出家（仏弟子、声聞）を徹底的に嘲笑することができたのです。

ところが、やがて、たとえば紀元後二～三世紀に詭弁《きべん》論法・ありとあらゆる虚偽論法を駆使して大乗仏教で最初の学派とされる中観《ちゅうがん》派の開祖となった龍樹のように、大乗仏教を宣揚する主体は、大乗からすれば劣った小乗の戒律（男の出家である比丘ならば二百五十戒、女の出家である比丘尼ならば三百四十八戒）を授かり、集団生活をする、ただし従来の口伝一辺倒ではなく書伝を大功徳と説いてやまない、かつてない変則的な学問僧へと変化していきました。たとえば龍樹は、南インドの国王にあてた書簡のなかで、「筆と紙と墨」こそが功徳を積む最高の手段だと強調しています。

そこで、大乗仏教は、急速に集団生活をする出家たちによる学問仏教の色彩を濃くするようになりました。そこで中期大乗経典には、声聞に対する菩薩《ぼさつ》の優位をある程度保ちつつも、声聞をあからさまに嘲笑する文言が影を潜めるようになりました。小乗戒を授かって集団生活を送る人は、少なくとも形の上では小乗の声聞ですから、当然ながら、小乗の声聞を簡単に嘲笑することはできません。

というわけで、中期大乗経典には初期大乗経典のような熱情の嵐といった、単純明快な激しさはまったくなくなり、経・律・論でいえば経ではなく論のような内容になっています。有名な『維摩経』にせよ『勝鬘経《しょうまんぎょう》』にせよ、簡単なストーリーをたどったあとは、ほとんど論文、それもうんざりするほど理屈っぽいばかりの文言のオンパレードとなっています。

初期と中期とで、これが同じ大乗仏教なのかと疑いたくなるほどです。

ヴェーダの宗教（バラモン教）への回帰現象

中期大乗経典では、違《たが》うことのない真実のことばには驚異的な大願実現力があるとするインドで長い伝統をもつヴェーダの宗教の唯名論の影響がますます顕著になります。

まず、如来蔵（タターガタ・ガルバ）というものがすべての衆生に宿っているから、すべての衆生はやがて目覚めた人ブッダにかならずなれるのだと説かれるようになります。

さて、漢訳では「蔵」とされる「ガルバ」ですが、これは「胎児」を意味します。

古いヴェーダ聖典の世界創造神話でもっとも有力だったものによりますと、生類の主プラジャーパティ（ブラフマン）は、みずからが生み出した卵の中に入り込みます。これを「黄金の胎児」（ヒラニヤ・ガルバ）といいますが、一定の期間を経てから、この黄金の胎児が卵の殻を破って世界の森羅万象を創造するとされます。これは、以前には「自己循環型世界創造神話」といったふうに、いかめしいことばで説明されてきましたが、わたくしが思うに、これは昆虫の変態という現象に触発された発想です。とくに、貴重な衣料の原料である絹糸ですが、蚕蛾の幼虫がみずから絹糸を吐き出して繭《まゆ》をつくり、自身はそのなかで蛹《さなぎ》となり、やがて繭を破って蚕蛾として飛翔《ひしよう》します。今日の生物学では、蛹のなかでは、それまでの幼虫のかなりの量の筋肉細胞が初期化し、遺伝子情報によって新たな成虫が形成されるとされます。単純から複雑へ、一柱の神が森羅万象へ、この驚異的な事実を説明するのに、蚕蛾の幼虫がみずからつくった繭（卵に見えますね）に入りこんでうんぬんは、大いなるヒントとされたのにちがいありません。

としますと、如来蔵（如来の胎児）とは、世界の根源（ブラフマンと同定されるプラジャーパティ、とさらにまたそれに同定される如来なる一元者）が、みずからが創った卵（胎）のなかに胎児として入り込んだその姿、ということになるのは明々白々です。まさにインド古来の唯名論的一元論の大乗仏教版というべきものです。

また、中期大乗仏教では、地蔵（クシティガルバ、大地の胎児つまりブラフマン）菩薩とか虚空蔵（アーカーシャガルバ、虚空の胎児つまりブラフマン）菩薩が活躍するようになります。「地」（大地）とか「虚空」とかの広大無辺のものは、インドの唯名論的一元論の伝統では、世界の根源であるブラフマン（世界を創る驚異的な力をもつヴェーダ聖典のことば）の露骨きわまりないいいかたであるとされます。

このように、如来蔵（タターガタガルバ、如来たるブラフマンの胎児）、地蔵（大地たるブラフマンの胎児）、虚空蔵（虚空たるブラフマンの胎児）と眺めわたしますと、大乗仏教がいかに古来のヴェーダの宗教（バラモン教）に疑問をはさむ余地がまったくないほど回帰しているかがわかります。驚くほどです。

さらにまた、『（大乗）涅槃経』では「仏性《ぶっしょう》」というキーワードが出てきます。このお経はサンスクリット語の写本が見つかっていませんので、「仏性」のもとのサンスクリット語が何であるのか不明です。しかし、この経では、仏性は「常楽我浄」だとされます。常住であり、歓喜であり、自己（アートマン）であり、清浄であるとは、ヴェーダの宗教でいう世界の根源ブラフマンにほかなりません。

さらにまた、これは経でなく論なのですが、我が国で広く読まれてきた『大乗起信論』（漢訳のみ）では「本覚《ほんがく》」と「始覚《しかく》」ということばが出てきます。これは、一切衆生は永遠の昔から目覚めた人ブッダなのであるが、自身の内からではなく外からやってきた塵《ちり》のような煩悩《ぼんのう》（客塵《きゃくじん》煩悩）のせいで、あたかも明鏡が塵で曇ってしまうように自身が目覚めた人ブッダだとの自覚がもてないでいる、だから、塵を払うという意味での修行により、やっと自身が目覚めていることが自覚される、これが「始覚」である、と。これはもう、八世紀に唯名論的一元論を抜本的に改革したシャンカラの不二《ふに》一元論の先駆けといってもよいほどのものなのです。

そこから、わが国では『（大乗）涅槃経』の「一切衆生悉有仏性」とか、その日本版の「草木国土悉皆成仏」とかというフレーズが広く流布するようになりました。『平家物語』では、白拍子の祇王《ぎおう》が「仏もむかしは凡夫なり　我等もつひには仏なり　何れも仏性具せる身を　隔つるのみこそ悲しけれ」という今様を謡ったと伝えられています。

すべては心のなか――唯心論思想

先にも述べましたように、すでに『華厳経《けごんきょう》』で、「三界は虚妄《こもう》にして但《た》だ是《こ》れ一心《いっしん》の作《さ》なり」（略して「三界唯心《さんがいゆいしん》」）という、唯心論の核心となる思想が展開されました。これが、四世紀、五世紀になりますと、大乗仏教の大きな潮流となっていきます。

わが国ではたいへん人気のある『維摩経《ゆいまぎょう》』という経典があります。在家の居士《こじ》である維摩（ヴィマラキールティ）が、沈黙をもって真理を説き、文殊《もんじゅ》など、並み居る仏弟子たちが舌を巻いたというストーリーが、在家優位を露骨に示しているということで有名です。

その『維摩経』には、「その（菩薩の）心の浄《きよ》きに随《したが》いて則ち仏土も浄し」（のちに中国では、ここから「浄土」ということばが創出されました）ということも説いています。このことばは、広く解釈すれば、環境は心のありよういかんで決まるということをいっているのですから、唯心論的な思想を説いていると考えられます。

そうした思想を受けて、『楞伽経《りょうがきょう》』は、「三界は唯《た》だ是れ自心なりと観じ、我我所《ががしょ》を離るれば、動作なく去来《こらい》もなし」と説いています。三界（欲界、色《しき》界、無色《むしき》界）という、苦しみと迷いの輪廻転生《りんねてんしょう》の世界はほかならぬ自分の心の現れなのだとよくよく観察、考察し、自己であるとか自己のものであるとかのとらわれを離れてみれば、永遠不変の世界の真実の姿があらわになる、というほどの意味です。

もう少しことばをかえてみますと、ふつうわたくしたちが客観的に存在する世界だと思っているものは、じつは無明《むみょう》に汚された自分の心(主観)が映じだしたもので虚妄《こもう》、つまり幻影にほかならないといっているのです。こうした考えは、ヒンドゥー教からの影響なのですが、やがて唯識説《ゆいしきせつ》として理論的に洗練されますと、おもしろいことに逆にヒンドゥー教に影響し、八世紀前半、有名なシャンカラの幻影論的一元論(不二《ふに》一元論)を生みだしました。

3. 大乗仏教の哲学

ことばを超えて跳べ――中観哲学

紀元二世紀から三世紀にかけてナーガールジュナ（龍樹《りゅうじゅ》）という人が登場し、たくさんの著作を世にだし、大乗仏教で最初の学派である中観《ちゅうがん》派の開祖となりました。龍樹の著作は後世に大きな影響を及ぼし、わが国では、古くから「八宗《はっしゅう》の祖」として尊敬されています。

『根本中頌《こんぽんちゅうじゅ》』（『中論頌』）あるいは、青目《しょうもく》の註釈《ちゅうしゃく》と併《あわ》せて『中論』を代表作とする一連の著作のなかで、かれは、般若波羅蜜系の経典に熱烈に謳《うた》われる「一切皆空」思想（先にも述べましたように、世界を創ったものはことばであるとする生命感覚からすれば当たり前のこと）を、ありとあらゆる詭弁《きべん》・虚偽論、つまりはインチキ論法をあっけに取られるほどあからさまになりふりかまわず用い、そうした生命感覚の持ち主ならば立ち得ない実在論の立場から実在論を論駁《ろんばく》することに全力を傾けました。以下はそうした立ち位置からの話ですので、誤解ありませんように。

龍樹はすべてのものごと（一切法）を縁起《えんぎ》的な存在（因縁生《いんねんしょう》）だと見る立場をとります。この立場は、すでに紀元前二世紀の半ばに説一切有部のナーガセーナ長老がギリシア人の国王との対論で無我説を弁護するさいにとった立場と変わりません。つまり、すべてのものごとは、固定的で不変の本体を欠く（無自性《むじしょう》）のであり、したがって中身が空っぽ、空である（シューニヤ）ということになります。そうだとしますと、わたくしたちがものごとに与える名称も、ただ仮のもの（仮名《けみょう》、仮設《けせつ》）にすぎず、それに対応する確固とした実在をもたないということになります。したがってまた、ものごとの真実のありかたは、ことばや概念によってはとらえられない（離言説《りごんぜつ》）のでありますが、かといって、そうした真実を説明し、人に伝えるには、ことばや概念を用いざるをえません。この微妙な線を細心の注意を払って進む立場のことを中道といいます。

このように、きわめて簡潔にいいますと、龍樹の哲学は、空、仮《け》、中《ちゅう》の哲学であるということができます。と、それだけでは不親切ですので、もう少し内容を紹介します。

『根本中頌』の冒頭の帰敬偈《ききょうげ》では、「不滅不生《しょう》、不断不常、不一《いっ》不異、不来《らい》不去《こ》にして、よく諸の実は空なる仮象世界（プラパンチャ）を寂滅《じゃくめつ》する吉祥《きちじょう》なる縁起、その縁起を説きたまう、もろもろの説法者のなかの最勝なる正覚者《しょうがくしゃ》（ブッダ）に、われは敬礼《きょうらい》したてまつる」というように、いわゆる「八不《はっぷ》」によって、縁起のありかたを代表させています。たとえば、「行く（去る）もの」は、すでに行っているのであり、ゼロから出発してこれからあらためて「行く」ことはないといえます。したがって、龍樹は、「行くものは行かない」というのです。

あるいは、こういう論法も用います。たとえば、「見ること」は、「見られるもの」の成立をまたなければ成立せず、また、「見られるもの」は、「見ること」の成立をまたなければ成立しません。「見ること」と「見られるもの」とは、相互に依存しています。これを「相依《そうえ》」の関係にあるといいます。相互依存は論理的欠陥ですから、したがって、「見ること」も「見るもの」も成立しないことになります。つまり、両者ともに、無自性なのですから、空だということになります。

また、たとえば、過去というのは現在よりも以前にあり、未来というのは現在よりも以後にあります。ところが、時間領域を現在という幅のない線で分断しますと、それは過去の時間領域と未来の時間領域とのふたつになります。現在の時間領域はどこにもありません。したがって、現在と相依関係にある過去も未来も成立しないことになります。よって、過去、未来、現在という時間領域はすべて空であるとされます。

先にもいいましたように、こういうわけで、龍樹にとっては、ものごとの真実のありかたは、ことばと概念を超えています。こうした真実（諦《たい》）のことを第一義諦（勝義《しょうぎ》諦）といい、そうした真実を説明するために用いられることばと概念のレベルの真実のことを世俗諦といいます。世俗諦に立ってことばと概念を崩壊させたところで、その瓦礫《がれき》の山を跳躍台として、第一義諦へと跳べ、というのが、龍樹の空の哲学の根本主張です。

なお、この勝義諦と世俗諦との二つの真実を区別する二諦説は、すでに『ミリンダ王の問い』のなかで、最初期説一切有部に属するナーガセーナ長老が、実有（本当に有るもの）と施《せ》設有《せつう》（仮有、ことばの上でのみ有るもの）のそれぞれについてそう名付けたことを龍樹が利用、換骨奪胎し、唯名論にちゃっかり優位を与えようと小細工を施したものでしかありません。

ともあれ、龍樹は一切空を勝義諦、言語世界を世俗諦に配し、その上で二諦の先にも触れたように、どちらにも固執しない中（中道）こそ最高のありかただとしました。

心の深層を探れ——唯識哲学

四世紀から五世紀にかけて、ヨーガによる主客合一の三昧《さんまい》体験をベースにし、『華厳経』などで示された唯心論に空の哲学によって磨きをかける人びとがつぎつぎと現れ、瑜伽行《ゆがぎょう》派（ヨーガーチャーラ）という大乗仏教の一大学派が形成されました。この形成期には、マイトレーヤ（弥勒《みろく》）、アサンガ（無著《むじゃく》）、そしてその弟のヴァスバンドゥ（世親《せしん》）など、大乗仏教史上燦然《さんぜん》と輝く論者たちが登場しました。たいへんな時代でした。

かれらは、表象を呈示するものとしての心を識《しき》（ヴィジュニャプティ、ことば）と称し、それだけが実在であり、表象の対象は空無であるとする、唯識哲学《ゆいしき》を生みだしました。

もっとも、「唯識」ということのなかには、ふたつの意味が認められます。つまり、ひとつは、今いいましたように、対象は空無であって識のみが実在（つまり、唯名論的にただことばの上だけで有るもの）という意味で、こうした意味での唯識を「境《きょう》（空）無識有《う》」といいます。もうひとつは、認識の対象がないならば、必然的に認識の主体としての識もない（実在論的に有るもの、すなわち心）という意味で、こうした意味での唯識を「境識倶《く》泯《みん》」といい、仏はその境地を体得しているとされます。

また、識（心）のありかたには、三つあるといい、これを三性《さんしょう》といいます。

まず第一のありかたを、遍計所執性《へんげしょしゅうしょう》といいます。これは、本来なら幻影で実在しない外界の対象を、実在するかのごとく見誤っている心のありかたです。本来分かれていないものを分けることを分別《ふんべつ》といいます。つまり、わたくしたちは、ふつう、認識主体と認識対象とをはっきりと区別して、つまり分別によってものごとを認識しているのでありますが、それは根本的にはまったくまちがっているというのです。

第二のありかたを、依他起性《えたきしょう》といいます。これは、分別を離れ、すべてのものごとが、そしてそもそも識そのものが他に依存して存在していること（縁起《えんぎ》）をいいます。縁起性であれば空だというわけなのですが、わたくしたちには理解しがたいことです。

第三のありかたを、円成実性《えんじょうじっしょう》といいますが、これは、遍計所執性をまったく離れた識が、依他起でありつつも、それが依他起であること、つまり空であることを改めて自覚し、しかもなおそれがものごとの真のありかた（諸法実相《しょほうじっそう》）を実現している、そのような識のありかたのことです。ですから、これは、わたくしたちいわゆる凡夫《ぼんぷ》の識のありかたではなく、仏の識のありかたにほかならないとされます。

世親は、経量部《きょうりょうぶ》の相続転変差別《そうぞくてんぺんしゃべつ》というアイデアをもちこみ、眼《げん》識、耳《に》識、鼻《び》識、舌《ぜつ》識、身《しん》識、意《い》識の下に、自我意識としての末那《まな》（マノー・ナーマ）識を想定し、さらにその末那識の対象であり、かつすべての認識、体験の結果を種子《しゅうじ》として貯蔵する無意識としての阿羅耶《あらや》（アーラヤ。ワインの澱《おり》のように底に横たわる欲望の残渣《ざんさ》で、ちょっとした刺激で上にもろもろと浮かび上がって心を濁らすもの）識を想定しました。これを八識《はっしき》説といいます。

このように、八つあげられる識のなかで、もっとも重要なのは、いうまでもなく阿羅耶識です。過去のいわゆる業《ごう》はここに蓄積され、それが果報を結び、現在と未来の個体のありかたを決定していきます。わたくしたちの個体と、その個体が生存する環境世界というのは、阿羅耶識が流出、発現したものです。こうしたありかたのことを、阿羅耶識縁起といいます。したがって、阿羅耶識をそのままにしておきますと、迷妄の世界が展開するわけでして、その意味で、阿羅耶識は染汚識《ぜんましき》と呼ばれます。

しかし、三性説と八識説とを深層心理学のようによく考察し、瞑想を深めてそのありさまをまのあたりに把握することによって、阿羅耶識は清められて、浄識《じょうしき》となるといいます。汚れたよりどころが清らかなよりどころになるのでして、これを転依《てんね》（心の基盤の総取っ替え）といいます。これが転迷開悟《てんめいかいご》、つまり解脱《げだつ》して涅槃《ねはん》に入る、仏となるということだとされます。

と、ここまでは通説ですが、わたくしは実在論と唯名論というインド思想史を貫く二大潮流を見すえれば、つぎのように見るのが妥当ではないかと考えております。

すなわち、マイトレーヤ（弥勒）を開祖とする瑜伽行派（ヨーガを修する人々）は、その呼称どおり、ヨーガなる瞑想《めいそう》を最も重視しています。瞑想ではさまざまな体験を味わいますが、その体験は、ことばとは無関係の実在中の実在です。ところが、すでに強調してきましたように、菩薩道《ぼさつどう》を中核とする初期大乗仏教は、古来のヴェーダの宗教に由来する唯名論の上に立つものです。ですから弥勒の弟子である無著の主著『摂大乗論』では三性説に重きが置かれています。これは中観派の考えを引きついだもので、遍計所執性は世俗諦に、依他起性は勝義諦に、円成実性は中（中道）に相当します。

ところが、部派仏教（小乗）から転向してきた無著の弟の世親は、ごりごりの実在論者で、その立場から従来の八識説を、三性説とは切り離された唯識説として完成体に仕立てました。

世親も用いた「唯識」のサンスクリット語原語「ヴィジュニャプティマートラター」は、一切は認識を成り立たせるもの、すなわちことばでしかないということを意味しています。唯名論です。ところが、世親の唯識説の「識」は、実際にはことばとは無関係の「実在の」一心（ヴィジュニャーナ）にほかなりません。

瑜伽行派が中観派にくっついたり離れたりする歴史をたどったのは、こうした瑜伽行派の思想が、唯名論と実在論という、水と油の考え方を抱えこんだからだといえます。

4. 密教と後期大乗仏教

後期大乗仏教とはどのようなものだったのか

六、七世紀以降は、インド史としては、中世という時代区分のなかに入ります。この時代になりますと、大乗仏教も、後期の段階に入ります。

学派としては、すでに中観《ちゅうがん》派と瑜伽行《ゆがぎょう》派とが成立していますが、この時代になりますと、両者が対立したり融合したりします。バーヴィヴェーカ（清弁《しょうべん》）は、中観経量《きょうりょう》派と称せられ、外界の実在を主張して唯識説を批判しましたが、そのあとにでたシャーンタラクシタなどの学匠たちは、瑜伽行中観派と称せられ、大きな勢力をもつにいたりました。

後期大乗仏教におきましては、論理学がたいへん発達しました。仏教論理学の基礎は世《せ》親《しん》によってつくられましたが、六世紀のディグナーガ（陳那《じんな》）は、論証における正しい理由の条件を厳密に定め、ニヤーヤ学説に代表されるヒンドゥー教側の論理学に対抗する論理学の一大体系を構築しました。それまでの仏教論理学は、因明《いんみょう》といいますが、ディグナーガは、それまでの、論争の技術としての因明を改め、独自の学問領域としての唯名論的論理学をつくったのです。そこで、かれ以後の仏教論理学は新因明と呼ばれます。七世紀には、ダルマキールティがこれを継承発展させ、ヒンドゥー教側の論理学と激しい論争を展開しました。ヒンドゥー教側の論理学は、この論争を通じてまた新たな展開を見せ、ますます実在論的な傾向を強め、そのきわみに新論理学を構築し、現在にいたります。

一方、後期大乗仏教は、ヒンドゥー教側の秘教的タントリズムと呼応するかたちで、仏教タントリズム、つまり密教によって濃厚に色づけられています。

右に紹介したような、高度に理論的な活動に業績をあげた学匠たちは、サンガの構成員としては部派仏教（とくに正量部《しょうりょうぶ》が優勢）の戒律にしたがい、民衆向けの宗教活動としては密教を行っていました。ですから、このころには、もはや大乗仏教は「小乗」への対抗意識を失い、学派は形成しても、宗派を形成するというものではすっかりなくなっていました。つまり、この時代には、大乗対小乗という対立は消滅していたのです。出家たちは、大乗も小乗もごたまぜという世界に住み、宗教家としては密教を奉じていたのです。

四、五世紀に全盛期を迎えたグプタ朝、七世紀前後に短期間輝いたハルシャ朝がほろびたあと、十三世紀に北インドにムスリム政権が樹立されるまで、インドには、広大な版図を誇る大帝国は出現せず、地方地方に小さな政権が興亡を繰り返しました。インドの中世は、したがって、統一文化ではなく、地方文化がはぐくまれた時代だったのですが、それだけ、商業圏は狭まり、大きな交易は行われず、それにともない、大都市の大富豪というものが存在しなくなりました。

典型的な都市型宗教である仏教は、こうした時代の変化ゆえにしだいに勢力を弱めていきました。一方、グプタ朝の国教として大躍進したヒンドゥー教は、もともと都市型の宗教ではなかったということもあり、地方の時代である中世には、水を得た魚のように活況を呈し、かつて仏教やジャイナ教に奪われた活動領域を奪い返していきました。

中国から玄奘《げんじょう》がインドにやってきた七世紀前後に、すでに仏教は各地から撤退し、ナーランダーの僧院を中心として、今でいうビハール地方やベンガル地方で、かろうじて地方政権の支持を受けて小規模な活動を展開しているだけでした。

七世紀には、チベットが統一され、国王ソンツェンガンポは、新統一国家の建国理念として仏教、そしてとりわけ救済主義色の濃い大乗仏教を選びました。以来、インド仏教の活動の拠点は、急速に、インドの地からチベットへと移っていきました。そういうわけで、チベット仏教というのは、インドの後期大乗仏教を、きわめて忠実に継承した宗教としてスタートを切ったのです。

密教とは

初期仏教、部派仏教、大乗仏教の経典では、ゴータマ・ブッダが公開形式で教えを説いており、これを顕教《けんぎょう》と呼ぶのにたいし、毘盧遮那仏《びるしゃなぶつ》（ヴァイローチャナ、大日《だいにち》如来）が特定の行者《ぎょうじゃ》にのみ秘したかたちで説いたとされる教えを秘密教、略して密教といいます。

仏教では、かなり昔から、仏の身体について考察がなされてきました。

まず、ゴータマ・ブッダについてですが、入滅《にゅうめつ》して身体がほろびるまでは、もちろん生《なま》身《み》でありましたから、そういう意味で「生身《しょうじん》の仏《ぶつ》」と呼ばれました。ところが、入滅、つまり永遠の涅槃《ねはん》に入ってからは、仏には身体はありません。また、「永遠」という共通項があるため、ゴータマ・ブッダが発見して説いた真理（法）が、入滅後の仏として表象されもしました。こうした意味での仏のことを「法身《ほっしん》の仏」といいます。

大乗仏教になってから、仏身論はさらに進展を見せ、瑜伽行派で、生身仏、報身《ほうじん》仏、法身仏という、三身説が完成しました。報身仏というのは、特別な誓願（別願）を立てて菩薩行にはげみ、その誓願が成就したことの報酬として新たな身体を得た仏のことで、阿弥陀仏とか薬師如来などのことをいいます。

したがって、法身仏というのは、真理そのものであって人格的なものではありません。

ところが、密教では、法身仏が教えを説くのだとされます。つまり、法身をウルトラ技で人格化して不可思議な身体をもつ仏とし、その仏が口を開いて教えを説くとするところに、密教の、それまでの仏教とはまったく異なる最大の特色があるのです。

大乗仏教でも、かなり呪術は用いられていました。しかし、密教は、まさに典型的な神秘主義の道をいきますので、徹頭徹尾、呪文や呪術的な儀礼から成り立っています。そこで、大乗仏教に見られるいわゆる密教的なものを雑密《ぞうみつ》、七世紀の『大日経《だいにちきょう》』以降のものを純密といいます。もちろん、厳密な意味での密教とは、純密のことにほかなりません。

大乗仏教のなかから密教が生まれたのは、ヒンドゥー教のなかから、その密教ともいうべきタントリズムが成立しはじめたのと時期を同じくしています。密教（仏教タントリズム）がヒンドゥー・タントリズムの成立を促したのか、あるいはその逆なのか、いまだよくわかっていませんが、内容的に両者は共通するところまことに大です。

『大日経』のつぎにくる『（初会《しょえ》）金剛頂経《こんごうちょうきょう》』以降は、智慧《ちえ》のことを金剛《こんごう》（ヴァジュラ）にたとえ、その金剛を中心として神秘的な儀礼と身体哲学を構築するようになりますので、密教はしばしば金剛乗（ヴァジュラ・ヤーナ）と呼ばれます。その果てには、生まれついたそのままで仏だとする、梵我《ぼんが》一如《いちにょ》思想の中世版ともいうべき倶生《くしょう》乗（サハジャ・ヤーナ）がでて、ヒンドゥー教やインド中世文学に大きな影響を及ぼしました。

『大日経』の密教と胎蔵曼荼羅

『大日経』は、七世紀半ばごろに成立したものと見られますが、この経典をもって、本格的密教、つまり純密ははじまります。この経典では、説法する人はゴータマ・ブッダではなく、毘盧遮那仏（大日如来）という法身仏であり、その教えを聴聞する人びとも、ふつうのこの世の人びとではなく、この世のものではない超越的な人びとです。この一点をもってしても、この経典が、それまでのいかなる経典ともちがうことがわかります。

『大日経』には、一切智智《いっさいちち》（つまり仏）は、

一、菩提心《ぼだいしん》を因《いん》とし
二、大悲《だいひ》を根《こん》とし
三、方便《ほうべん》を究竟《くきょう》となす

と説かれています。これは、一般に「三句」といわれておりまして、『大日経』の教えは、すべてここに凝縮されていると考えられています。

菩提心とは、目覚め（ボーディ、菩提《ぼだい》）を目指すのだとする決心のことをいいます。これがなければ目覚めた人、ブッダにはなれません（成仏できません）。そして、菩提とは、

如実知自心《にょじつちじしん》（自分の心をありのままに知ること）を特徴としているといいます。そして、その自分の心というものは、無知蒙昧《もうまい》の状態から、しだいに発達していくものであるとし、密教流の一種の発達心理学のように説かれます。

慈悲というのは、じつは慈（マイトリー）と悲（カルナー）とを併せていったものでして、慈は思いやり、悲は同情を意味します。また、慈は父親の愛、悲は母親の愛のようなものだとよくいわれます。つまり、慈は理性的、条件つきの愛ですが、悲は理性など取り払った無条件の愛です。ですから、悲は、そのまま放置しておきますと、きわめて盲目的なものとなります。その悲を無限に拡大した「大悲」を仏は根本にするというのです。

最初期の仏教以来、「慈悲喜捨の四無量心《しむりょうしん》」ということが、出家修行者の心構えとして重視されてきたということはすでに述べました。四無量心という場合は、「捨《しゃ》」（無関心、無執著《むしゅうじゃく》）という項目によってほかの三つの項目ががっちりと制約される構造になっているのですが、『大日経』は、悲のみを無限拡大しているというところに大きな特徴があります。無条件の民衆救済ということがこの経典のテーマだということがここからよくわかります。密教は、民衆宗教である大乗仏教を、さらに徹底して民衆化したものなのです。

また、仏教一般では、真実と方便という区別が用いられます。ですから、ふつうは、方便（ウパーヤ）というのは、真実にいたるための手段のことです。方便は大切なものではあるけれども、あくまでも通過点にすぎず、最終目標は真実、つまり完全な智慧であるといわれます。ところが『大日経』は、大悲という方便を最終的な目標にすると宣言するのです。方便というのは、だいたい現実的なことがらにかかわるものですから、『大日経』は、現実を徹底的に重視するといっているのです。そして、その現実とは、民衆が、きわめて具体的な問題で苦しんでいるということです。この具体的な民衆の苦しみに無限大の無条件で同情し、具体的にその苦しみを抜き取ることのほうが、智慧、したがって目覚めの境地を享受するよりも比較にならないほど大切だといっているのです。ですから、『大日経』は、大乗仏教の菩薩《ぼさつ》の理想を極大にまで広げる意図で書かれたわけです。

この「三句」を、わかりやすく図解したものを胎蔵曼荼羅《たいぞうまんだら》といいます。菩提心という受精卵を大悲という子宮が胎児に育て上げ、衆生《しゅじょう》救済という赤ん坊を生みだすというプロセスを、この曼荼羅は描いているのです。ですから、「胎蔵」といわれるのです。

『金剛頂経』の密教と金剛界曼荼羅

『(初会)金剛頂経』は、七世紀後半の成立になるもので、その少し前に成立した『大日経』が民衆を救済する大悲をフルに発揮しようとする方便至上主義の経典であるのにたいし、方便には目もくれず、真実としての智慧のみを説く経典です。そういう意味で、『金剛頂経』は、大乗仏教の色彩をいまだに濃厚に保っている『大日経』とは性格を異にし、本格的密教の最初のページを開く画期的な経典であるといえます。

『金剛頂経』というタイトルにも入っている「金剛」ということばは、ダイヤモンド（あるいは帝釈天《たいしゃくてん》の武器である雷霆《らいてい》）を意味します。ダイヤモンドは、硬度一〇というたいへん堅固なものであり、あらゆるものを断ち切る力をもっています。『金剛頂経』の「金剛」とは、すなわち、ダイヤモンドのように堅固な智慧のことであり、これによってあらゆる煩悩《ぼんのう》を断ち切ろうというのです。

『金剛頂経』の教えを図像化したものが金剛界曼荼羅です。「金剛界」というのは、「金剛のように堅固な智慧をエレメントとするもの」という意味です（「胎蔵界曼荼羅」という表記は、「金剛界曼荼羅」という表記に引きずられたもので、まちがいです）。

金剛界曼荼羅の中心部は成身会《じょうじんね》といわれ、『金剛頂経』の教えのハイライトである五相《ごそう》成身観《じょうじんかん》という瞑想法を示しています。その瞑想法とは、つぎのようなものです。

一、「オーム、わたくしは自分の心を洞察しよう」という真言《しんごん》（マントラ）を唱えて通《つう》達菩提心《だつぼだいしん》の状態となり、これによって、阿閦《あしゅく》如来と同置される大円鏡智《だいえんきょうち》を得る。

二、「オーム、わたくしは菩提心をおこそう」という真言を唱えて修《しゅ》菩提心の状態となり、これによって、自分の心が月輪《がちりん》のようであると知り、宝生《ほうしょう》如来と同置される平等性智《びょうどうしょうち》を得る。

三、「オーム、起《た》て、金剛よ」という真言を唱えることによって、自分の心のなかに仏の智慧（金剛）を見、修金剛心の状態となり、これによって、無量光《むりょうこう》如来（阿弥陀如来）と同置される妙観察智《みょうかんざっち》を得る。

四、「オーム、わたくしは金剛を本性とするものである」という真言をとなえることによって、すべての如来との三密加持《さんみつかじ》（アディシュターナ、上から制圧すること）を見、これによって、不空成就如来《ふくうじょうじゅ》と同置される成所作智《じょうしょさち》を得る（三密加持とは、行者の身口意《しんくい》の三業《さんごう》に、如来の身口意の三密が乗り移って重なることをいいます。神秘的合一体験の一種です）。

五、「オーム、すべての如来たちのごとく、わたくしもある」という真言を唱えることによって、自分がすべての如来たちと瑜伽《ゆが》（合一）したと見、これにより、毘盧遮那仏《びるしゃなぶつ》と同置される法界体性智《ほっかいたいしょうち》を得る。

こうして、五相成身観を修した一切義成就菩薩は、毘盧遮那仏（別名、金剛界如来）になった。そして、色界《しきかい》の頂点にある色究竟天《しきくきょうてん》の宮殿で成仏した毘盧遮那仏は、地上に舞い降り、修行をしているゴータマ・ブッダの身体のなかに入りこんだ。そのとき、ゴータマ・ブッダは、悪魔の王の攻撃を完全に退け、目覚め（菩提）を得て仏となった。と、以上のように『金剛頂経』には説かれています。

つまり、『金剛頂経』によれば、ゴータマ・ブッダが菩提樹の下で目覚めた人となったというのは、毘盧遮那仏が、ゴータマ・ブッダの姿を借りて、菩提樹の下に現れたことであるとされるわけです。ゴータマ・ブッダは、毘盧遮那仏の仮の姿だというのです。『金剛頂経』以来、密教では金剛が中心概念となったため、密教は、金剛乗（ヴァジュラヤーナ）とも呼ばれるようになりました。

その後の密教の展開とインド仏教の消滅

後世のチベットで行われたタントラ（密教経典）の分類によりますと、密教経典は、所《しょ》作《さ》（クリヤー）タントラ、行《ぎょう》（チャリヤー）タントラ、瑜伽《ゆが》（ヨーガ）タントラ、無上《むじょう》瑜伽（アヌッタラ・ヨーガ）タントラの四種類に分けられるといいます。

所作タントラというのは、大乗仏教に見られるいわゆる雑密系の経典のことです。『薬師如来本願経』とか『金光明経《こんこうみょうきょう》』とか『仏母《ぶつも》（仏と成ることを可能とする根拠である）大《だい》孔雀明王経《くじゃくみょうおうきょう》』などたくさんあります。現世《げんぜ》利《り》益《やく》や国家鎮護や雨乞《あまご》いのためなど、さまざまな呪術のために用いられます。

行タントラというのは、すでに述べました『大日経』がその代表です。

瑜伽タントラというのは、毘盧遮那仏など諸尊との合一（瑜伽、ヨーガ）を目的とするもので、右に述べました『金剛頂経』がその代表です。わが国の真言宗でよく用いられ、性的欲望を肯定し、それを浄化することによって智慧そのもののなかに入りこむことができると説く『理趣（般若）経』も、このなかに含められます。中国やわが国に伝えられた密教経典は、この瑜伽タントラまでです。

無上瑜伽タントラは、さらに、父《ちち》・方便《ほうべん》タントラ、母《はは》・般若《はんにゃ》（智慧）タントラ、それ以外のタントラの三種類に分類されます。

父・方便タントラというのは、『グヒヤ・サマージャ（秘密集会《じゅうえ》）タントラ』がその代表であるとされます。方便というのは慈悲のことです。

母・般若タントラというのは、『ヘーヴァジュラ・タントラ』とか、サンヴァラ（最勝楽《らく》、大楽）系といわれる『サンヴァローダヤ・タントラ』とかの経典のことをいいます。この系統は、ヒンドゥー教シャクティ（性力《せいりき》）派の影響が濃厚で、性的結合を儀礼の中心にすえます。いわゆる左道《さどう》タントリズムといわれる密教を展開しています。

それ以外のタントラのなかには、仏教・ヒンドゥー教が団結してムスリム侵略軍に立ち向かうべしと説く『カーラチャックラ（時輪《じりん》）タントラ』などが含まれます。

さて、大乗仏教の出現から密教への流れというのは、民衆宗教として大きな成功を収めたヒンドゥー教に対抗するために、はじめは在家信者たちが中心となり、のちには大乗の出家たちが中心となり、仏教の民衆化をどんどん進めていく過程でありました。

しかし、この流れは、仏教のヒンドゥー教化の流れでもありまして、民衆化という大いなる努力にもかかわらず、結果は、ヒンドゥー教にたいして、仏教の独自性を喪失していくという、まことに皮肉なものでしかありませんでした。

そして、十一世紀から十二世紀にかけて、アフガニスタンを本拠地とするムスリムのガズニー朝、ゴール朝が、何回もインドへの略奪戦争をしかけてきました。ターゲットは、寄進で富をたくわえている寺院でした。ヒンドゥー教やジャイナ教の寺院は、一般信者の厚い壁によって守られていたため、徹底的な破壊はまぬがれました。

しかし、在家信者の組織化に熱心ではなかった出家至上主義の仏教の寺院は、ムスリム軍による略奪と破壊にされるままでした。そしてついに、伝えられるところによりますと、一二〇三年、ベンガル地方に残った仏教出家教団最後の拠点であるヴィクラマシラー寺院が徹底的に破壊されるにいたって、仏教は、出家教団（サンガ）レベルでは、インドの地から消滅してしまいました。

ただ、ベンガル地方で流行した密教最後の形態、サハジャ（倶生《くしょう》）乗（人は生まれつき完全な智慧をもっているのだとする易行道《いぎょうどう》）は、その後のヒンドゥー教に大きな影響を及ぼしました。インド仏教の残照というべきものでありました。

V　上座部仏教（南方仏教）

スリランカの仏教

現在、南アジアのスリランカ、東南アジアのミャンマー（ビルマ）、タイ、カンボジア、ラオスで行われている仏教、いわゆる南方仏教は、古い上座部《じょうざぶ》の伝統を伝えるものです。上座部のことをパーリ語を用いて「テーラヴァーダ仏教」と表現することも、今日では広く行われています。

いうまでもなく、上座部の仏教は部派仏教でありまして、あとから登場した大乗仏教からは「小乗」（ヒーナヤーナ、劣った乗り物、欠陥のある教え）という蔑称《べっしょう》が投げつけられています。大乗仏教だけが正しい仏教だとする教条主義に凝り固まった人ならば、南方仏教を小乗仏教と呼んでも、それは勝手でしょうが、上座部仏教を奉ずる人びとは、あたりまえですが、自分たちの仏教を小乗仏教だなどというはずもありません。公平な立場からは、やはり上座部仏教と呼ぶのが当然でしょう。

さて、右の国々では、今日、上座部仏教が行われているわけですが、昔から一貫してそうだったというわけではなく、歴史的にはいろいろな経緯があります。

スリランカには、紀元前三世紀に、アショーカ王の息子とされるマヒンダによってはじめて仏教が伝えられました。この仏教こそ、上座部仏教だったのです。国際関係もあり、上座部仏教は、スリランカでは、最初から国教の扱いを受けました。

ところが、紀元前一世紀の前半に活躍した王は、アバヤギリヴィハーラという寺院を建立し、ここを拠点に、新しい仏教を推進しました。以来、十二世紀にいたるまで、スリランカの仏教は、上座部保守派のマハーヴィハーラ派とアバヤギリヴィハーラ派とが分裂したままという状態が続きました。

アバヤギリヴィハーラ派は、やがて、大乗仏教、そしてさらにのちには密教の要素まで大胆に取り入れました。五世紀に飢饉《ききん》がスリランカ全土に広まったとき、この派は、民衆の救済活動を熱心に行ったといわれています。

そのため、スリランカ仏教最大の学匠ブッダゴーサは、マハーヴィハーラ派の人ではありながら、大乗仏教的な救済主義思想を、自派にも取り込む努力をしました。

十二世紀には、分裂状態に終止符が打たれ、マハーヴィハーラ派の仏教一本に統一されましたが、こういうわけで、スリランカの上座部仏教も、たいへん保守的とはいえ、大乗仏教の影響を多少は受けているのです。

東南アジアの仏教

東南アジアの上座部仏教は、スリランカから移出されたものです。しかし、上座部仏教を受容するまでの長いあいだ、東南アジアでは、ヒンドゥー教と大乗仏教が広く行われていました。というのも、ヴェトナムを例外として、東南アジアは、古くからインド文明圏のなかに入っていたからです。

ちなみにヴェトナムは中国文明圏の影響下にあり、主として大乗仏教が行われてきました。

高度な文明を誇るインドからは、東南アジアのいたるところに、海づたいに、多数の交易商が進出していました。その交易商たちは、東南アジアの港や主要な都市に寄留し、自分たちの文化や宗教をもちこみ、それが一般にも広まっていったのです。

たとえば、カンボジアのクメール人の国家であるアンコール朝は、インド文化の上に栄えた国家でした。十二世紀のスーリヤヴァルマン二世(この名じたいインドのことばそのもの)は、ヒンドゥー教の最高神ヴィシュヌと同一視され、それをまつるところとして建立された建造物こそ、かの有名なアンコール・ワットで、王の死後には、まごうことなきヒンドゥー教寺院として運営されました。

また、八世紀から九世紀にかけて繁栄したインドネシア、ジャワ島のシャイレーンドラ朝（これもインドのことばそのもの）は、大乗仏教は華厳《けごん》思想にもとづいて、ボロブドゥールに、ピラミッド型の巨大な仏塔《ぶっとう》を建立しました。

また、インドネシアのバリ島では、今日にいたるまで、やや変則的なカースト制をもつヒンドゥー教が行われています。

東南アジアで最初に上座部仏教を取り入れたのは、十一世紀にビルマ初の統一王朝を築いたパガン朝です。この王朝は、新しい建国理念として、それまであった密教系の仏教を排し、スリランカから上座部仏教を移入したのです。

移入直後には、本場のスリランカが、国内の混乱のためやや傾きかけた上座部仏教を立て直すために、パガンの長老たちを招き、経典もいっしょにもってきてもらうということすらありました。

タイでは、十三世紀になって、ようやくビルマから独立したタイ人自身の国家スコータイ朝が誕生しました。そのスコータイ朝が、やはり新しい国家の理念として、上座部仏教を採用しました。

十四世紀に、国際港湾都市アユタヤを首都とするアユタヤ朝が成立し、大いに繁栄しましたが、この王朝も、上座部仏教を国家理念の中心にすえました。

カンボジアでは、十三世紀になりますと、タイ人勢力に押され、アンコール朝は衰退していきますが、それと呼応して、上座部仏教がしだいに浸透し、十六世紀にもなりますと、プノンペンには巨大な金色の仏塔がそびえていたといわれています。

ラオスでも、十四世紀にラオ人初の統一王国が誕生したときに、カンボジアから上座部仏教が移入され、やはり国家統一の理念として位置づけられました。

こうして東南アジアでは、上座部仏教が広まったのです。

Ⅵ　チベット仏教

チベット仏教とは?

チベットでは、仏教は、七世紀の前半に、初めてチベット全土を統一したソンツェンガンポ王によってもたらされました。王にはふたりの妃《きさき》がいて、唐《とう》から嫁いできた文成公主《ぶんせいこうしゅ》は中国仏教を、ネパールから嫁いできたブリクチはインド仏教を熱心に信奉していました。

こうして、チベット仏教は、中国仏教とインド仏教とが混在するかたちで、いわゆる国教としてスタートを切りました。

チベットには、それまで、シャーマニズム的な呪術的《じゅじゅってき》民族宗教があり、ボン教と呼ばれていましたが、国教となった仏教はこれを排斥せず、両者は融和的に併存しました。

それから百年ほどは仏教はそれほど盛んではなかったのですが、チーソンデーツァン王のときに様子が一変しました。王はまず、インドの中観《ちゅうがん》派の巨匠シャーンタラクシタ（寂《じゃく》護《ご》）を招き、壮大なサム・イエ寺を建立《こんりゅう》しました。

王はまた、インドからパドマサンバヴァ（蓮華生《れんげしょう》）を招きましたが、かれがもたらしたものこそ、その後のチベット仏教を特色づける密教でした。密教は、チベット人の呪術的な性向によくマッチしました。

さらに、シャーンタラクシタの弟子、カマラシーラ（蓮華戒《れんげかい》）が招かれ、中国仏教を奉ずる大乗和尚《おしよう》（摩訶衍《まかえん》）と、サム・イエ寺で論争を行い、これを論破しました。

この事件以来、チベットでは、インド大乗仏教だけが正式な仏教として認められました。インドの地で活動の場を狭められつつあった大乗系の出家《しゆつけ》たちは、チベットに新天地を見いだしました。かれらはインドの仏典のチベット語訳に力を入れ、早くも九世紀初めごろには、『デンカルマ目録』という、チベットで最初の翻訳経典目録が作成されました。

九世紀半ばには、弟を殺害して王位についたランダルマが破仏《はぶつ》（仏教弾圧）を行い、出家たちを還俗《げんぞく》させたり殺害したりしましたが、そのランダルマが殺されてからは、またチベット仏教は隆盛に向かいました。

十一世紀の半ばには、インドから招かれたアティーシャがチベット仏教の復興に力を発揮しました。かれは、チベット仏教から、民族宗教ボン教の要素を排除して純化し、密教の改革を行いました。かれが開いた宗派をカーダム派、かれ以前のをニンマ派といいます。

十一世紀後半には、マルパがカーダム派からわかれてカンギュ派をつくりました。その弟子ミラレパは、仏教詩人として名声をあげ、今日でも欧米人に人気があります。

また、同じころ、コンチャクギャルポという人がサキャ派を開きました。この派は、モンゴル帝国の元《げん》朝と深い関係をもち、政治的に重要な役割を果たしました。

一二六〇年、この派のパスパ（パクパ）は、フビライの命で帝師となり、モンゴル語を写すために、チベット文字をもとにしてパスパ文字を発明しました。かれは、チベットに帰ってから権力を与えられ、ここにサキャ政権が樹立されました。そして、このころまでには、『ナルタン古版』という、最初の『チベット大蔵経』が完成しました。

ツォンカパとダライラマ

十四世紀には、ツォンカパという大学匠が現れ、中観派の哲学をもって顕教《けんぎょう》を代表させ、また、その立場から密教の改革を行いました。

かれは、衆生済度のためには殺人をも肯定する密教専修を危険視し、顕教をマスターすることを密教修行の前提としました。かれのこの改革は、今日にまでいたるチベット仏教の基本的なありかたを決定づけるほど大きな影響力を発揮しました。

かれが開いた宗派をゲールク派といいます。以来、ニンマ派が旧教、ゲールク派が新教といわれます。また、かぶる帽子の色のちがいで、旧教は紅帽派、新教は黄帽派と称せられます。その後のチベット仏教では、黄帽派が圧倒的な力をもちました。

かれの弟子ゲドンドブは、初代のダライラマ（直訳で「海の上人《しょうにん》」）となりました。

チベットでは、観音《かんのん》信仰がとりわけ熱心に行われ、チベットの国土そのものが観音菩薩《ぼさつ》の浄土、ダライラマは観音菩薩の化身《けしん》だとされます。

十七世紀半ばに、ラサにポタラ（観音菩薩の浄土ポータラカのチベット訛《なま》り）宮が建造され、第五代ダライラマは、そこに居住して、政教一致の政治を行う権力者として位置づけられました。以来、ダライラマは、国王であると同時に法王でもあるというようになりました。

そのころ、パンチェンラマという称号を与えられ、阿弥陀《あみだ》仏の化身とされる人物が登場しました。「パンチェン」というのは、インドのサンスクリット語「パンディタ」（学者）が訛ったものです。ダライラマが世俗政治と宗教の両方の権威であるのにたいし、パンチェンラマは宗教上だけの権威とされます。

ダライラマとパンチェンラマとは、近代になって政治的に立場を著しく異にするようになります。外国勢力はこの対立を利用し、ダライラマがイギリスと手を結ぶのにたいして、パンチェンラマは中国に亡命したりするということが起こったりしました。

一九五九年、中国共産党の人民解放軍（国の軍隊ではないと強弁されていますが）のチベット制圧のさい、第十四代ダライラマはインドに亡命しましたが、パンチェンラマは中国側につきました。

Ⅶ　中国仏教

1．仏教の伝来

シルクロードから中国へ

紀元前二世紀には、漢帝国から中央アジアを経てローマ帝国にいたる長大な交易路ができていました。いわゆるシルクロード（絹の道）というものです。仏教は、シルクロードを通って中国へと伝えられたのです。

シルクロードが通っている中央アジアは、中国からは「西域《さいいき》」と呼ばれていました。この西域では、すでに紀元前からインドの仏教がかなり広く浸透していました。仏教は、カースト制などといった社会規制を否定しますので、そもそも、社会制度の異なる地域にうけいれられやすい特質をもっています。

また、文明度のきわめて高いインドで生まれ、しかも高度な普遍宗教である仏教は、西域といった、インドの北の周辺部にあたる地域に興ったさまざまな新しい国家の建国理念として歓迎されたのです。

おそらく、シルクロードの交易中継点として大きな富を得た西域の諸民族は、そのころ、競うかのように新しい国家の建設に熱意を燃やしていたにちがいありません。その建国理念として、普遍性の高い仏教は、うってつけだったということです。

この西域にどれほどの民族がどれほどの数の国家を建設したのか、それはいまだはっきりしないところがあります。二二六年に中国の洛陽《らくよう》にきて数多くの仏典を訳した竺法護《じくほうご》という人は、月氏《げっし》の出身で敦煌《とんこう》生まれですが、西域の三十六の言語に通じていたといいます。そうした言語のなかでもとくに重要なのはトカラ語、コータン語、ソグド語、チベット語、そしてのち移住してきたトルコ人のウイグル語などで、たくさんの仏典が、これらの言語に訳され、伝えられてきました。

こうした西域仏教が、中国に伝わったのです。七世紀に漢民族の玄奘《げんじょう》が活躍するまで、漢訳仏典のほとんどは、西域出身の仏教徒たちによって作成されたのです。

伝統思想に合わせる――格義仏教

仏教が中国に最初に伝わった事情については、つぎのような伝説があります。すなわち、後漢《ごかん》の明帝《めいてい》が夢のなかで金人《きんじん》（つまりは仏）を見て、大月氏国に使いをだしたところ、永平十年（紀元後六七年）に迦葉摩騰《かしょうまとう》と竺法蘭《じくほうらん》とがやってきて、都である洛陽の白馬寺《はくばじ》

（「寺」とはもともとは「庁舎」の意）で『四十二章経』という仏典を訳した、というものです。

この伝説は信ずるにあたいしないと考えられていますが、いずれにせよ、紀元後一世紀には、西域の仏教が中国に入ってきたことはたしかです。

仏教はインドで生まれましたから、つぎつぎと漢訳される仏典の内容は、当然、インド的発想にもとづいています。インド人は論理的、中国人は修辞的、日本人は情緒的といわれますが、ともあれ、中国人がインド人の思想を理解するのはなかなかたいへんなことでした。

たとえば、「空《くう》」とか「涅槃《ねはん》」とか「縁起《えんぎ》」といったような概念は、中国にはそれまでまったくなかった概念です。しかし、中国には、老荘（老子《ろうし》、荘子《そうし》）の思想が古くから行われていました。この老荘思想は、浮世離れした思想で、遁世《とんせい》を基本とする仏教と雰囲気が似ていないでもありません。

そこで、中国の人びとは、仏教を老荘の思想を利用して説明したり、それを手がかりとして理解を深めようとしたりしました。たとえば、般若《はんにゃ》思想における「空」を、老荘思想における「無」でもって理解したり説明したりしたのです。こうしたありかたの仏教を「格義《かくぎ》仏教」といいます。

四世紀になると、道安《どうあん》という人物が現れ、格義仏教はまちがいだと批判します。仏典の理解は、あくまでも仏典の文脈のなかで行われなければならないというのです。これを機に格義仏教は衰退していきますが、それでも中国仏教に大きな影響を残しました。たとえば、禅宗でいう「無」は、あきらかに老荘の「無」をベースにしています。

2. 南北朝時代の仏教

鳩摩羅什の活躍

格義仏教を批判した道安は、より正しい仏教を中国に確立するために、西域のクッチャ(亀茲《きじ》国)からクマーラジーヴァ(鳩摩羅什《くまらじゅう》)を呼び寄せる活動をしました。鳩摩羅什は大いに活躍し、たくさんの仏典を漢訳しました。

かれの訳語はわかりやすく、その文体はきわめて流麗で、それまでの仏典の訳風を一新しました。そこで、かれ以前の訳は「古訳」、かれ以降の訳は「旧訳《くやく》」といわれ、区別されます(玄奘《げんじょう》以降の訳を「新訳」といいます)。

その文体の美しさゆえに、今日も読誦《どくじゅ》され人びとに愛されているお経に、『法華経《ほけきょう》』(正確には『妙法蓮華経《みょうほうれんげきょう》』)や『阿弥陀経《あみだきょう》』などがあります。ほかにも、今日もなお標準的な訳とされるものに、『大品般若経《だいぼんはんにゃきょう》』『小品般若経』『維摩経《ゆいまぎょう》』などがあります。

また、かれが訳した論書には、『中論』『百論』『十二門論』『大智度論』『十住毘婆沙《びばしゃ》論』

『成実論《じょうじつ》』など、重要なものが目白押しです。また、律の書としては、きわめて重要な『十誦律《じゅうじゅ》』を訳しています。

鳩摩羅什のこの壮大な訳業に刺激され、かれのもとには、三千人もの研究者が集まったといいます。なかでも有名なのは、道融《どうゆう》、僧叡《そうえい》、僧肇《そうじょう》、道生《どうしょう》で、合わせて「四哲」といわれます。

僧肇は、中国で最初の本格的な仏教研究者となり、『肇論《じょうろん》』や『注維摩《ちゅうゆいま》』などを著しました。

道生は、頓悟《とんご》成仏とか闡提《せんだい》（一闡提《いっせんだい》、イッチャンティカ、欲望原理だけで行動する人、善根がなくもっとも救いがたい人のこと）成仏とかを説きました。これはのちに大きな影響を残し、頓悟仏教、漸悟《ぜんご》仏教の区別へと発展していきました。

インド仏教の歴史を知らない中国人は、経典の内容から、経典成立の先後、優劣、深浅を判定しました。これを「教相判釈《きょうそうはんじゃく》」（略して「教判《きょうはん》」）といいますが、その先鞭《せんべん》を切ったのが道生だったのです。

整備されていく仏教

このように、鳩摩羅什の画期的な活躍によって、中国では本格的な仏教研究が開始されました。「空」を説く中観派《ちゅうがん》の三つの論書『中論』『百論』『十二門論』の研究はいちはやく熱心に行われ、中国で最初の学派である三論宗が成立しました。

また、百科全書の趣をもつ『成実論』は、仏教を体系的に理解するのに便利だということでたいへん人気を博しました。

鳩摩羅什以降も、五世紀には訳経活動がさかんに行われました。重要なところでいえば、仏陀跋陀羅《ぶつだばだら》は『華厳経』などを、曇無讖《どんむしん》は『涅槃経《ねはんぎょう》』『菩薩地持経』『金光明経《こんこうみょうきょう》』などを、求那跋摩《ぐなばつま》は『菩薩善戒経』などを、求那跋陀羅《ぐなばっだら》は『雑阿含《ぞうあごん》』『勝鬘経《しょうまんぎょう》』『楞伽経《りょうがきょう》』などを訳しました。

『雑阿含』訳出の前には、すでに『長阿含《じょう》』『中阿含』『増一阿含《ぞういつ》』、さらには部派仏教のアビダルマ論書もいくつか訳出されていました。そこで、こうした一連の仏典を研究する毘曇《びどん》（アビダルマのこと）宗も成立しました。

仏典は大きく経、律、論の三蔵《さんぞう》に分類されます。経と論との訳出はかなり充実してきましたが、律はまだまだ不完全でした。

そこで法顕《ほっけん》は、律蔵を求めてインドに旅し、『摩訶僧祇律《まかそうぎりつ》』や『五分律《ごぶんりつ》』のサンスクリット原本を持ち帰りました。十五年におよぶ旅の記録としてかれが著したのが『仏国記』で、インド史の史料としてもたいへん貴重です。

こうして律蔵が充実してきたのをうけて、五世紀の半ばには、中国製の偽経であるらしい『梵網経《ぼんもうきょう》』が世に出ます。

律蔵といえば、本来、小乗（部派仏教）のものなのですが、大乗仏教色を濃くしていた中国仏教では、大乗戒が強く求められ、その期待に十全に応《こた》えたのが、『梵網経』で、そこで説かれる戒律を梵網戒（内容的には「十重《じゅうじゅう》・四十八軽戒《しじゅうはちきょう》」のこと）といいます。これで小乗戒から大乗戒までがほぼすべて出そろいました。

六世紀に入りますと、大乗第二の学派である瑜伽行派《ゆがぎょう》の唯識説《ゆいしき》が中国に本格的に入ってくるようになります。『十地経論』『深密解脱経《じんみつげだつ》』『摂大乗論《しょう》』などが訳されましたが、なかでも世親《せしん》作の『十地経論』（『十地経』を解釈したもの）が熱心に研究され、地論宗《じろん》という学派が成立しました。

この学派は、のちに華厳宗、法相宗《ほっそう》、摂論宗《しょうろん》が興るにいたって吸収されたり衰退したりするまで、唯識説理解の基礎を築いていきました。

浄土教関連では、菩提流支《ぼだいるし》が世親作の『無量寿経論』を訳出したことが特筆されます。これには曇鸞《どんらん》が『浄土論註』を著し、中国浄土教の基礎を固めました（日本の親鸞《しんらん》の名は、世親の「親」と曇鸞の「鸞」とを合わせたものです）。このあとに道綽《どうしゃく》、善導《ぜんどう》など、華やかな浄土教の人脈がつづくことになります。

五四八年には、西インドは花の都ウッジャイニー出身の真諦《しんだい》（パラマールタ、一説には本名クラナータ）が中国にやってきました。かれは、鳩摩羅什、玄奘、不空《ふくう》と並んで四大翻訳家のひとりに数えられる重要人物です。

かれは、折しも戦乱のなか各地を転々とする不運に見舞われながらも、ふたつの重要な唯識説の論書、すなわち無著《むじゃく》作の『摂《しょう》大乗論』と、それにたいする世親の註釈書《ちゅうしゃくしょ》である『摂大乗論釈』とを訳出したといいます。また、『倶舎釈論《くしゃ》』も訳し、仏教学の基礎研究に大いに寄与しました。なお、かれの訳した『摂大乗論』を研究する集団として、摂論宗《しょうろん》という学派が成立しました。

南北朝時代でさらにまた特筆すべきなのは、禅の伝来です。禅宗の始祖とされる菩提達磨《ぼだいだるま》（ボーディダルマ）が魏《ぎ》の国に入ったのは五一六年ごろとされます。「祖師西来《せいらい》」です。かれは、のちに嵩山少林寺《すうざんしょうりんじ》に入って有名な「面壁《めんぺき》九年」の生活を送り、「二入四行《ににゅうしぎょう》」を説いたといいます。かれの考えは『楞伽経』によるもので、そのため、『楞伽経』は、かれの系統の禅宗では珍重されています。

国家と仏教の関係はどうだったか

出家の仏教はもともと出世間的であり、政治とは無関係、生産活動も行いませんでした。

そのため、国家もこれを認め、出家《しゅっけ》教団には世俗の刑罰を適用することがなく、納税も義務も免除します。これが基本なのですが、出家教団が脱税工作に利用されることが頻繁に起こったため、中国では、国家による統制が大なり小なり厳しく布《し》かれることになりました。

一方、仏教教団に壮大な伽藍《がらん》や大仏などの大建造物を寄進することは、権力者に最大の功徳《くどく》をもたらすこととして熱心に行われもしました。南北朝時代ともなると仏教は急速に勢力を拡大したため、権力者の態度いかんで仏教の運命は、庇護と弾圧（廃仏、破仏《はぶつ》）のあいだで大きく左右されました。

さらに、仏教は、その出世間色のため、在来の思想、宗教から反発を受けることがたびたびありました。家を捨てるということは、儒教の道徳、とくに「孝」の精神からは認めがたいことでした。

また、中国の民間習俗が、仏教を手本として整備され、道教として体系化されていきました。北魏の寇謙之《こうけんし》は、道教教団の確立にもっとも寄与した人物で、かれの指導のもと、道教は仏教に対抗する一大宗教となりました。

円熟しつつあった仏教は、その内部で腐敗堕落の問題も抱えます。道教は、上昇期ゆえに清新な印象も与えました。こうした儒教や道教とが権力者と強力に結びつくとき、仏教は守勢に立たされます。

仏教への最初期の大弾圧で有名なのは、「三武一宗《そう》の法難」といわれるものです。最初のものは北魏の太武帝《たいぶてい》によるものです。かれは、右の道教の指導者寇謙之に帰依《きえ》し、四四六年、伽藍を破壊し、仏典を焼き、強制的に出家を在家に還俗《げんぞく》させました。しかし、のちには、北魏では、大同《だいどう》の石仏や龍門《りゅうもん》の石仏など、偉大な仏教遺産が造営されたりもしました。大きくは庇護、部分的には弾圧、というのが中国仏教がたどった運命でした。

3. 隋唐時代の仏教

花開く中国仏教

南北朝時代をうけた隋唐《ずいとう》時代には、仏教はさらなる飛躍をとげたのでしたが、このころには、中国仏教は大乗仏教一色に染まっていました。大乗のお経という点からすると、『(大乗)涅槃経《ねはんぎょう》』と『法華経』とがもっとも人気がありました。

『涅槃経』に人気があったのは、それが「一切衆生悉有仏性《いっさいしゅじょうしつうぶっしょう》」(すべての生きものには仏になれる素質がある)とか、「闡提《せんだい》(サンスクリット語でイッチャンティカ、欲望だけに身を委《ゆだ》ねる人)成仏《じょうぶつ》」(善根のまったくない人でも仏になれる)とかと説いているからです。おそらく、「仏性《ぶっしょう》」というのが、老荘思想でいう「道」(万物自然の根源)に直感的に通ずるところがあったのでありましょう。

つまり、仏性というのは、中国人にとっては、たんに仏になれる素質ということ以上に、わたくしたちの存在の根拠、そこから発して生き、死んではそこに帰るなんらかの根本原理と見なされたのです。そのため、仏性思想を一段と進めた如来蔵《にょらいぞう》思想へも、中国人は容易に傾倒していったのです。如来蔵思想を説くお経としては、『勝鬘経《しょうまんぎょう》』がもっとも珍重されました。

『法華経』の人気の要因は、それが「一乗」を説くことでした。声聞《しょうもん》乗、縁覚《えんがく》乗、菩薩《ぼさつ》乗と三乗を差別的に立てるのは釈尊《しゃくそん》の巧みな方便であり、真実には仏になる教えがただひとつあるのみ（一仏乗）であり、仏がこの世に出現した最大の目的は、すべての衆生《しゅじょう》を成仏させることだというのです。この平等主義的な考えは、『涅槃経』と大いに共通するところがありました。

隋唐の時代には、教学研究もなおいっそうさかんになり、たくさんの学派（宗）が興り、日本仏教の原型を作りました。とりわけ、約三十年と短いながらも隋の時代に登場した、地論宗の浄影寺《じょうようじ》慧遠《えおん》、天台宗の天台大師《てんだいだいし》智顗《ちぎ》、三論宗の嘉祥大師《かじょうだいし》吉蔵《きちぞう》は有名で、「隋の三大法師」と呼ばれ、讃《たた》えられています。

玄奘三蔵の大活躍

仏教伝来からこのかた、たくさんの仏典が漢訳されてきましたが、それらはほとんど西域出身者などの外国人の手になるものでした。また、仏典も、かならずしも系統的に中国に入ってきたわけではありません。漢民族に属する玄奘《げんじょう》は、仏典を系統的に導入すること、および原典をより正確忠実に訳す必要があると痛感し、唐の国禁を犯して単身密出国し、インドへと向かいました。

かれは、西域からインド各地を精力的に旅しましたが、当時インド最大の学院であるナーランダーの僧院で、とくに唯識関係の学問に没頭しました。サンスクリット語にも堪能《たんのう》で、優秀なインド人学僧と論争して負けないほどであったといいます。かれは初志のとおり、系統をよく考慮しながら厖大《ぼうだい》な量のサンスクリット語の仏典を収集し、十七年ののち、六四五年に唐に戻ってきました。

帰国したかれは官民の大歓迎を受けました。とくに皇帝である太宗《たいそう》はかれを厚遇し、かれのために慈恩寺《じおんじ》を建立し、そこに翻経院（国立仏典翻訳所）を設置しました。かれは辞典を作成して多くの門弟に徹底的なサンスクリット語教育を施しました。

とりわけ重要な仏典はかれみずからが訳し、それ以外のものは門弟たちに訳させ、それをかれの右腕といわれる慈恩大師窺《じおんだいしき》と分担して監修しました。かれが創案した新しい訳は「新訳」と呼ばれ、その後のスタンダードとなりました。

かれの訳業は、七十五部千三百三十巻に及びます。これは、今日残されている漢訳仏典のじつに六分の一にあたります。まさに画期的な仕事を成し遂げたのです。

そのほかにも、かれは、十七年間にわたる大旅行で見聞したことを詳細に記した『大唐《だいとう》西域記《さいいきき》』を著しました。この書は客観的な情報に満ちあふれており、今日でも、七世紀前半の西域やインドの歴史を研究するさいの第一級の史料として扱われています。

いろいろな学派、宗派が栄える

隋唐の時代には、教学研究はますますさかんになり、いろいろな学派が成立、あるいは隆盛を見ました。また、宗派というべきものも多彩に展開しました。

まず、三論宗について。「三論」というのは『中論』『百論』『十二門論』のこと、これに『大智度論』を加えて「四論」ということもあります。これは、インドの中観《ちゅうがん》派の論書を研究し、空観《くうがん》を実践する学派です。

すでに南北朝時代、鳩摩羅什《くまらじゅう》の訳をもとにしてこの学派は成立していたのですが、大成したのは隋の嘉祥大師《かじょうだいし》吉蔵《きちぞう》のときです。かれには、『中観論疏《しょ》』『大乗玄論』『三論玄義』『二諦《たい》章』などの著作のほか、『法華経』などの多くの経典に註釈書を著しました。

三論宗は「破邪顕正《はじゃけんしょう》」ということをいいますが、これは、「邪説を破って、そのうえで正法《しょうぼう》を明かす」ではなく、「邪説を破ることがそのまま正法を明かす」という意味です。

ナーガールジュナは、第一義諦《たい》（真諦）と世俗諦（俗諦）という区別を説きました。三論宗では、空への執著《しゅうじゃく》を戒めるために、空にとらわれている人には俗諦によって有《う》を示し、有にとらわれている人には真諦によって空を示すとし、有と空は不即不離であるといいます。この不即不離のことを「諸法《しょほう》の実相《じっそう》」といいます。のちに禅宗に影響があります。

つぎに天台宗について。隋の時代、天台大師《てんだいだいし》智顗《ちぎ》によって大成された学派です。かれには、『小止観《しょうしかん》』『法華玄義』『法華文句《もんぐ》』などの著作があります。中心の教義は、空観と法華思想とにもとづくもので、「三諦円融《さんだいえんにゅう》」と「一念三千《いちねんさんぜん》」の教えです。

インドのナーガールジュナは、因縁《いんねん》によって生じたもの（法）は、空《くう》であり、仮《け》であり、中道であるといいました。

これを解釈し直して、天台宗では、空はそのまま仮であり、仮はそのまま中であり、空仮中の三諦は、同じものを三つの側面から示したものであり、あくまでも同じものを指しているから、不離一体、つまり円融しているというのです。そして、このことを観ずる方法が「止観」と呼ばれます。これは禅と基本的に同じで、精神集中して真実を直観することをいいます。

「一念（一心に）三千（の要素を具《そな》える）」というのはつぎの計算によります。まず、衆《しゅ》生《じょう》の境涯には、地獄界から仏界までの十界があり、一心にすべて具わっている。その十界のいちいちが十界を具えているので、十界互具《じゅっかいごぐ》といい、これで百界となる。それがみな如《にょ》是相《ぜそう》、如是性《しょう》などの十如是《じゅうにょぜ》を具えるので千となる。

これが衆生世間《しゅじょうせけん》、国土世間、五陰《ごおん》世間の三種世間にわたるので三千となる、というしだいです。このように一刹那《せつな》の心に三千の要素があることを教えとして理解することを教門といい、それを精神集中して直観することを観門といいます。

なお、天台宗の教判は五時八教といい、『法華経』と『涅槃経』を最高とします。

つぎに法相宗《ほっそう》について。玄奘はナーランダーの僧院で唯識説の研究に没頭し、また、唯識を説く論書を系統的に訳しました。これをもとにした学派が法相宗です。根本テクストは『成《じょう》唯識論』で、これは、世親《せしん》の『唯識三十頌《じゅ》』にたいする十人のインド人学者の註《ちゅう》釈《しゃく》をまとめたものです。

代表的な学派を述べてきました。このほかにも、律宗、華厳宗、真言宗があり、それぞれたいへん重要なのですが、多くの紙幅を要するので、残念ながら説明するのはここでは断念いたします。

禅宗は、菩提達磨《ぼだいだるま》から次第して五祖弘忍《こうにん》へと伝わりました。その弟子には神秀《じんしゅう》と慧能《えのう》がいて慧能が嗣法《しほう》しましたが、神秀は独立した一派を作り、ここに神秀を祖とする北宗と慧能を祖とする南宗とが分かれました。わが国の禅宗は、主に南宗の系統を継承しました。

4. 宋代以降の仏教

宋代の仏教の特徴

時代が宋《そう》となる直前の五代最後の王朝後周《こうしゅう》では、皇帝の世宗《せいそう》が仏教の大弾圧を行いました。これが、いわゆる「三武一宗《そう》の法難」の最後のものでした。

そのあとをうけた宋の時代、仏教は復興し、王朝の手厚い保護のもと、貴賤《きせん》を問わず、社会に広く浸透していきました。宋代の仏教の特徴をもし一言でいえば、それは大衆化したということです。

仏教の大衆化ということで、まず特筆しなければならないのは、大蔵経が開版されたということ、つまり大蔵経が印刷物になったということです。それまで、仏典を広めるには、写経しかありませんでした。これでは、仏教は、社会の一部の上層部、知的エリートに影響を与えるのが精一杯でした。これが印刷によって仏典が大量に出回るようになったのですから、まさに画期的なことでした。

最初の版は蜀版《しょくばん》といい、宋王朝最初の皇帝である太祖《たいそ》が九七一年に発案し、十二年の歳月を費やして完成したものです。これを朝鮮の高麗《こうらい》がもらいうけ、独自に編集して開版したものが高麗版です。このあと東禅寺《とうぜんじ》版、開元寺《かいげんじ》版がつづき、南宋時代には、思渓《しけい》版、磧《せき》砂《さ》版、普寧《ふねい》版などが刊行されました。

つぎに特筆しなければならないのは、宋代になると、仏教と儒教や道教との関係が非常におだやかで融和的になってきたということです。とくに、孝の問題などをめぐって仏教に不信感をつのらせていてなにかと対立的だった儒教に大きな変化が見られました。

それは、朱熹《しゅき》（朱子《しゅし》）によって大成された宋学《そうがく》に見られます。従来の儒教は、きわめて具体的な人倫関係のみを説くばかりでした。それに比べて、仏教は、わたくしたちが知りえない宇宙の構造を詳細に語り、感覚を超越した形而上学《けいじじょうがく》的な問題を得意としていました。この仏教の長所を儒教に取り入れて宋学、朱子学が誕生したのです。

これは、仏教の影響をうけて東アジアで最初に成立した形而上学で、朝鮮や日本にも大きく影響しました。

禅宗と浄土教

宋代になると、禅宗はますます繁栄しましたが、全体として、浄土教に接近し、禅浄双《ぜんじょうそう》修《しゅ》（禅と浄土教とを並列的に修する）ということが流行するようになりました。

まず、永明延寿《えいめいえんじゅ》は、『宗鏡《すぎょう》録』『万善同帰《まんぜんどうき》集』を著し、禅浄双修というスローガンを打ち出しました。

雲門文偃《うんもんぶんえん》によって開かれた雲門宗では、雪竇重顕《せっちょうじゅうけん》が『頌古百則《じゅこひゃくそく》』を著しました。これに臨済宗の圜悟克勤《えんごこくごん》が垂示《すいじ》、著語《じゃくご》、評唱を加えてできたのが、かの有名な『碧巌録《へきがんろく》』です。この書は、唐代の臨済義玄《りんざいぎげん》の語録である『臨済録』と並んで、わが国ではもっとも珍重されてきました。たとえば、このふたつの本は、岩波文庫にも収められています。（『臨済録』にいたっては岩波文庫のワイド版になっています。）

臨済宗では、宋代になると、黄龍慧南《おうりゅうえなん》が黄龍派を開き、楊岐方会《ようぎほうえ》が楊岐派を開きました。前者の法脈からは、わが国臨済宗の開祖栄西《ようさい》が、また後者の法脈からは、江戸時代に黄檗《おうばく》宗を伝えた隠元《いんげん》が出ました。

楊岐派には、鎌倉時代にわが国に渡来した禅僧がたくさんいます。鎌倉《かまくら》五山、京都五山に花開いた禅宗文化は、かれらに負うところ大です。圜悟克勤の弟子である大慧宗杲《だいえそうこう》は、看話《かんな》禅（公案《こうあん》禅、いわゆる禅問答形式）を唱えました。

曹洞《そうとう》宗の洞山良价《とうざんりょうかい》の系統からは雲居道膺《うんごどうよう》が出ました。かれの系統からは、天童如浄《てんどうにょじょう》と宏《わん》智正覚《ししょうがく》が出ました。前者に師事したのが道元《どうげん》で、わが国曹洞宗の開祖となりました。後者は、『宏智禅師頌古《しょうこ》』（『頌古百則』）や『黙照銘《もくしょう》』を著し、黙照禅（ただひたすら坐《すわ》る）を唱え、看話禅と対抗しました。この黙照禅は、道元によって引き継がれ、「只管打坐《しかんたざ》」というスローガンになっています。

わが国の臨済宗は、おおよそ看話禅の系統を引いています。両者の作法はかなり異なり、伝統的に両者は批判しあっています。なお、『宏智禅師頌古』には、同じく曹洞宗の万松《ばんしょう》行秀《ぎょうしゅう》が示衆《じしゅ》、著語、評唱を加えました。こうしてできたのが有名な『従容録《しょうよう》』です。

天台宗、律宗、禅宗の人びとには、浄土教の信奉者が多く、この時代の浄土教関連の重要な著作は、かれらの手によるものでした。また、かれらは、信心を深め、確かめ合う仲間を集めて念仏結社をたくさん作りました。これがまた、仏教の大衆化に大きな貢献をなしたのです。なお、念仏結社を主宰したのは出家だけでなく、当時の在家居士《こじ》である知識人も、この動きに積極的に参加しています。

仏教にたいして、中国で生まれた儒教や道教がこの時代に融和的になってきたという話はすでにしましたが、仏教側からも、融和的な動きがでてきます。たとえば、禅宗のほうでは、雲門宗の系統に属する明教大師契嵩《めいきょうだいしかいすう》という人は、『輔教編《ほきょうへん》』を著し、儒仏道（儒教、仏教、道教）は、たがいに調和し合うものだということを主張しました。

その後の中国仏教

宋を倒したモンゴル族は、東は朝鮮半島から西はヨーロッパにまで及ぶ大帝国を築いた軍事大国でしたが、宗教にはたいへん寛容でした。このとき、モンゴルとの地理的な関係もあって、チベット仏教（いわゆるラマ教）が広まりました。

モンゴル族が、中国で元《げん》朝を興すと、この傾向は顕著となり、皇帝世祖《せそ》（フビライ・ハン）は、チベット仏教サキャ派のパクパ（発思巴《ぱすぱ》）を帝師として迎え、かくしてチベット仏教は元朝の国教となりました。モンゴル族は自前の文字をもっていなかったのですが、パクパはモンゴル文字（パクパ文字）を考案しました。そしてやがて、モンゴル文字による大蔵経も出版されるようになりました。

元の時代、弾圧されたわけではないのですが、ほかの仏教界はあまり冴《さ》えませんでした。ただ、禅宗のほうでは、古く失われた百丈《ひやくじよう》作成の清規《しんぎ》（禅宗の戒律）を徳煇《てひ》が再構成して『百丈清規』が作成されました。この清規は、今日でも生きています。また、勅願《ちよくがん》ではなく私家版ではありましたが、世祖のときに、大蔵経が新たに開版されました。これが有名な元版です。

元朝は、チベット仏教にあまりにも熱心に帰依して莫大《ばくだい》な国庫支出をしたため、国運が傾いていきました。また、チベット仏教一辺倒の国家にたいして、浄土教系の白蓮《びやくれん》教団が強く反発し、ついに全国的な武装蜂起《ほうき》へと連なっていきました。元朝を倒したのは、実質的にこの白蓮教の一揆《いっき》でした。

明《みん》代になりましても、仏教の大衆化は進みました。禅宗がさかんでしたが、禅浄双修の流れはますます深まりました。一方、より大衆的には浄土教が盛んで、秘密結社というかたちをとった浄行社《じょうぎょうしゃ》とか白蓮社などが繁栄しました。こうした仏教系の秘密結社は、しばしば反権力の一揆を起こしました。

明朝は、大蔵経の開版に熱心で、南蔵、北蔵の官版を刊行しました。また、それにつづいて、現存はしていない武林《ぶりん》版が、また、私家版として万暦《ばんれき》版が刊行されました。

明代には、儒教のほうで王陽明《おうようめい》が実践を重視する「知行合一《ちこうごういつ》」の新しい儒学を説きましたが、そこには仏教の影響が濃厚であるといわれます。

清《しん》朝は、朱子学を重用したため、仏教にはわりあい冷淡でありましたが、とくに弾圧したわけではありません。

中華民国時代に、仏教は近代化を図って教学研究、啓蒙《けいもう》活動がさかんになりましたが、中華人民共和国になって、事実上封殺され、今日にいたっています。とくに文化大革命の時代には、仏教は壊滅的ともいえる打撃を受けました。その後、仏教は少しばかり名誉を回復しましたが、仏教も含め、宗教全般は国家の厳しい監視のもとに置かれています。

Ⅷ　日本仏教

1．はじめのころ

仏教伝来

朝鮮半島では、すでに仏教は、中国伝来から三百年のちに伝えられていました。仏教は、はじめは北の高句麗《こうくり》で行われていましたが、やがて南西の百済《くだら》、ついで南東の新羅《しらぎ》で受容され、紀元後六世紀には、朝鮮半島では仏教がたいへんな繁栄期を迎えていました。

そして、これら三国（三韓《さんかん》）のなかでとくにわが国と親交のあった百済の聖明王《せいめいおう》が、欽《きん》明《めい》天皇に、釈迦《しゃか》仏金銅像《ぶつこんどうぞう》などを贈り、公式に仏教を受容することを勧めました。これが仏教のわが国への公伝です。『日本書紀』では五五二年、『上宮聖徳法王帝説《じょうぐうしょうとくほうおうていせつ》』では五三八年となっていますが、歴史学者のあいだでは、後者が支持されているようです。

ただ、三韓からの渡来人たちのあいだで、それ以前から仏教が信奉されていたことはまちがいありません。たとえば、『扶桑略記《ふそうりゃくき》』によると、五二二年には、渡来人の司馬達等《しばたっと》が、大和《やまと》の坂田原《さかたのはら》に草堂を建て、仏像を安置して礼拝していたとあります。

さて、欽明天皇が百済の王から仏像などを贈られたとき、国内では仏教受容をめぐって賛否両論が沸き起こりました。帰化人の流れを汲《く》み財務を担当していた蘇我稲目《そがのいなめ》は、もはや仏教は東アジアのスタンダードの宗教、国家を支える精神的支柱であるとして国際化を強調し、仏教受容にたいへん積極的でした。これを崇仏派といいます。

これにたいして、軍事を担当していた物部尾輿《もののべのおこし》とか中臣鎌子《なかとみのかまこ》などは、異国の宗教である仏教を崇拝すれば、わが国古来の神祇《じんぎ》（神々）の怒りに触れ、大きな災いが起きるとして猛反対しました。これを排仏派といいます。

困った欽明天皇は、贈られた仏像などを蘇我稲目に下げ渡し、稲目は向原《むくはら》の私邸を寺としてこれを安置し、礼拝しました。これがわが国最初の寺である向原寺です。

ところが間の悪いことにその後疫病の流行があり、それ見たことかとばかりに反対派は寺を焼き払い、仏像を奪い、わざわざ難波《なにわ》にまで運んで堀江にこれを捨てました。

欽明天皇のあとをうけた敏達《びだつ》天皇は、個人的には仏教を信奉しませんでしたが、その時代にも朝鮮半島から仏教関連の文物がわが国に入ってきました。蘇我馬子《うまこ》は、百済からもたらされた弥勒菩薩《みろくぼさつ》の石像をもらいうけ、石川《いしかわ》の私邸を寺としてこれを安置しました。

そのとき、司馬達等の娘が出家して善信尼《ぜんしんに》と名乗り、ほかの二人の尼僧とともにこれに仕えました。さらに、仏舎利《ぶっしゃり》を得た馬子は、大野丘《おおののおか》の北に仏塔《ぶっとう》を建てました。しかし、またもや疫病が流行したため、これらの寺や仏塔は、物部守屋《もりや》などの反対派によって焼き討ちに遭いました。

つぎの用明《ようめい》天皇は、神祇崇拝者で仏教を信奉しませんでしたが、天皇が重病に陥ったのを機に、馬子は物部守屋などの反対を強引に押し切って、豊国《とよくに》法師という出家を、病気平癒を祈願させるために宮中に迎え入れました。

聖徳太子は日本仏教の祖

用明天皇がなくなると、皇位継承をめぐり、蘇我馬子（敏達天皇の皇后炊屋《かしきやひめのみこと》姫尊を推す）と物部守屋（欽明天皇の皇子穴穂《あなほ》部《べのみ》皇子《こ》を推す）とのあいだで決定的な軍事的対立が生まれました。

馬子は、用明天皇の皇子である廏戸皇子《うまやどのみこ》と手を結んで内戦を戦い、ついに物部氏をほろぼしました。こうして誕生したのが推古《すいこ》天皇で、馬子は、廏戸皇子を摂政《せっしょう》にしました。この廏戸皇子こそが、のちに聖徳太子《しょうとくたいし》と呼ばれた人物です。聖徳太子非実在論についての史学上の議論はそれとして、私は少なくとも後世における日本仏教思想史におけるその存在を重視します。

聖徳太子の時代には、中国に隋《ずい》、唐《とう》という大帝国が出現し、三韓（高句麗、百済、新羅）

との関係を通して、わが国は史上空前の国際緊張を体験していたのです。

太子は、このなかで、仏教を積極的に受容したのです。それは、仏教を精神的支柱にして強力な中央集権国家にわが国を急速に仕立てるためでもありましたし、また、仏教に付随するさまざまな最先端技術（建築学、土木工学、多種にわたる工芸技術、医学など）をどんどんわが国に導入するためでもありました。国の体制を整え、国を富ますことを急がなければ、この小さな島国が大国と伍《ご》して自立することは困難だと考えたのです。

国の体制を仏教の理念のもとに整えようとする意欲は、太子が作ったとされる憲法十七条によく出ています。第二条には「篤《あつ》く三宝を敬え。三宝とは仏法僧なり」とあります。また、第一条の「和をもって貴しとなす」とあるのは、仏教の出家《しゅつけ》教団（僧伽《そうぎゃ》、和合僧）の組織理念が合意（和合）によるものだということを踏まえています。ただ、この憲法は、強力な中央集権国家を目指すものなので、和に逆らうものは厳しく断罪するともいっています。

また、よく太子はアショーカ王と並び称えられますが、それはおおむねよいとしても、アショーカ王が権力者の義務を強調しているのにたいし、憲法十七条には家臣の義務しか説かれていません。このちがいは押さえておかないと贔屓《ひいき》の引き倒しになります。

太子は、朝鮮半島からきた学僧である慧慈《えじ》と慧聡《えそう》とから集中的に仏教の学問を授かりました。そして、『法華経義《ほけきようぎ》疏《しよ》』『勝鬘経《しようまんぎよう》　義疏』『維摩経《ゆいまぎよう》義疏』の「三経《さんぎよう》義疏」を著しました（三番目の義疏については、太子真作に若干の疑義が残りますが）。この三書の学問的水準はたいへん高く、在家の激務のなかでよくここまでと、大いに感心させられます。また、この三書は、わが国の仏教学の魁《さきがけ》なのでありまして、後世そう称《たた》えられるというだけでなく、正真正銘、太子を日本仏教の祖と呼んで問題はありません。ただ、太子は出家ではなく在家でした。また、三経義疏の三経とも、出家よりも在家を重視した経典であることは示唆的です。日本仏教は非常に在家主義的であるといえますが、それは、まさに聖徳太子の仏教に源を発しているといえるのです。

聖徳太子が発願《ほつがん》して建てたとされる寺院はいくつもあります。太子は物部氏との戦いのさい、四天王《してんのう》に戦勝を祈願したので、摂政となった最初の年に、難波に四天王寺を建てました。これは四天王寺様式という伽藍《がらん》配置をもつ壮大なものでした。また、学問寺として法隆寺《ほうりゆうじ》を建立しました。これも法隆寺様式という独特の伽藍配置をもっています。そのほか、橘寺《たちばなでら》、中宮寺《ちゆうぐうじ》、池後寺《いけじりじ》（法起寺《ほつきじ》）、葛木尼寺《かつらぎにじ》なども建立《こんりゆう》しています。

このような短期間のあいだに、わが国が東アジアの最先端建築技術を吸収したというのはじつに驚異的ですが、これによって、仏教は急速かつ確実にわが国に根を下ろしていったのです。

太子は、四十七歳でこの世を去りました。太子は終生在家の身で通したのですが、晩年には出世間的な志向が強かったようです。太子の死後、妃《きさき》の橘大郎女《たちばなのおおいらつめ》の発願《ほつがん》による有名な「天寿国繍帳《てんじゅこくしゅうちょう》」に「世間虚仮《こけ》、唯仏是真《ゆいぶつぜしん》」という銘が記されているのがその証左です。しかしそれにしても、太子の仏教理解は、こうした人生観にまで反映しているのです。

鎮護国家の仏教

わが国は世俗主義的な風潮が強く、世間とは独立した出世間の世界を容認することはまれでしかありません。そもそも世俗権力の中枢にいた聖徳太子が日本仏教の祖であるとされることが象徴的なのですが、わが国では、最初から出家は国家の管理下に置かれました。すでに聖徳太子存命の六二四年には、国家に任免権のある、僧正《そうじょう》、僧都《そうず》、法頭《ほうず》という役職が設定されました。最初の僧正は観勒《かんろく》です。法頭は、俗人から選ばれ、寺院の経営に当たりました。大化改新を経て中央集権的な国を作る動きはさらに速度を増し、律令《りつりょう》体制の確立へと進んでいきました。そして、ついに七一八年にできた養老令《りょう》にともなって僧尼令が布《し》かれ、出家を統制する制度が完成しました。それはつぎのとおりです。

まず、出家の世界は、僧正、僧都、律師よりなる僧綱《そうごう》によって管理されます。僧綱《そうごう》は、出家側からの推薦をうけてのこととはいえ、任免権は国家にあります。さらに、各寺院には、上座《じょうざ》、寺主《じしゅ》、都維那《ついな》の三役が置かれ、出家の言動すべてを統制します。

出家となるには国家の認可が必要で、一年間の出家数も限られます。出家の生活費は、すべて国庫によってまかなわれます。出家は、寺院にこもって『金光明経《こんこうみょうきょう》』『仁王経《にんのうきょう》』『法華経』などを読誦《どくじゅ》し、ひたすら「鎮護《ちんご》国家、玉体《ぎょくたい》(=天皇)安穏《あんのん》」を祈願しなければなりません。

出家は、官庁である寺院の外に私的に道場を設けて、直接に一般民衆を教化《きょうけ》することは許されません。国家の統制の外で民衆が組織化されるのを国家は怖れたのです。また、出家は、兵書(軍事書)を学んだり、占星術などで吉凶を占ったりそれを予言したりすることも禁止されます。理由は同じく、民心が惑わされることを国家は怖れたのです。

こうした規制に違反した出家は還俗《げんぞく》させられます(俗人に戻されます)。つまり、出家は、民衆のためではなく、国家のためにのみ働く、宗教部門の国家公務員だったのです。

のちにわが国初の大僧正に任ぜられ東大寺《とうだいじ》の大仏建立に力を発揮した行基《ぎょうき》も、若いころは私的な道場で民衆を教化し、民衆を率いて橋や堀を作る救済事業を展開したことで、朝廷から執拗《しつよう》に弾圧された経験をもっています。

このようなわけで、わが国の出家というのは、そもそもの出発点からして純粋な出世間者ではなく、出家となるときも、出家となったあとも、いっさいがっさい世俗権力である朝廷の管理下に置かれたのです。

ですから、出家の本懐を遂げようと真剣に考えた人たちは、官庁である寺院から出奔すること、つまり二重の出家を余儀なくされたのです。こうした人たちは、したがって、世間からは奇人変人として見られましたが、一方では、だからこそ一般の人びとの心を打ちました。説話文学で取り上げられた平安時代の末までの奇僧については、拙著『日本奇僧伝』（ちくま学芸文庫）を参照してみてください。

東大寺と大仏の意味

さまざまな制限があったにもかかわらず、仏教は急速に全国に広まっていき、寺院の数もどんどん増えていきました。ここまできますと、鎮護国家、玉体安穏の祈願は中央だけでなく、全国規模で行うのが望ましいとの考えが出てきました。そして、地方の行政を管轄する国府で、正月に『仁王経』を読誦《どくじゅ》することが公式に行われるようになり、ついに、国分寺《こくぶんじ》の構想へと発展していきました。

奈良時代の七三七年、聖武《しょうむ》天皇は、全国の国府すべてに隣接して、釈迦三尊像を安置し、写経をするための場所（七重の塔つき）を設置することを命じました。そして、四年後の七四一年には、全国に国分寺を建立し、中央にはそれらを統括する総国分寺として東大寺を建立するとの詔勅《しょうちょく》が発せられました。

そして、東大寺には、巨大な金銅の毘盧舎那仏《びるしゃな》(ヴァイローチャナ、密教では毘盧遮那仏、大日如来《だいにち》)を建立《こんりゅう》することになりました。この大仏は、『梵網経《ぼんもうきょう》』の所説にもとづくもので、無数の釈迦仏を糾合するものとされています(大仏の台座の蓮弁《れんべん》には、たくさんの釈迦仏が線刻されています)。これによって、朝廷は、精神世界においても中央集権体制を作り上げようとしたのです。

大仏建立は前後にその規模を見ない壮大なものでしたので、朝廷は、それまで弾圧していた行基を大僧正にすえて全国規模の大々的な勧進《かんじん》を行わせました。折しも東北で金が大量に採取できることが分かり、大仏建立の気運はいやが上にも盛り上がりました。大仏が完成したのは、行基も聖武天皇も没したあとでした。

大仏開眼《かいげん》の大法会《ほうえ》の導師役を務めたのは、インド出身の菩提僊那《ぼだいせんな》(ボーディセーナ)でした。かれはバラモン階級の出自であったため、一般には婆羅門《ばらもん》僧正と呼ばれ親しまれました。奈良時代が国際色豊かであったことの象徴です。

南都六宗

奈良時代の仏教は、いわゆる南都六宗《ろくしゅう》として展開しました。「南都」というのは、京都の比叡山《ひえいざん》（北嶺《ほくれい》）との対比でいわれる後世のことばです。「宗」といいますと、なにか信心をともにする宗教団体のように聞こえますが、当時はそうではなく、「学派」とか「研究集団」というほどの意味です。「衆」とも書かれます。

六宗というのは、三論宗、法相《ほっそう》宗、成実《じょうじつ》宗、倶舎《くしゃ》宗、華厳《けごん》宗、律宗の六つです。ただ、成実宗は三論宗の、また倶舎宗は法相宗の部分集合のようなもの、つまり兼学されるものですので、独立はしておらず、「寓宗《ぐうしゅう》」とされます。残りの四つの宗は、それぞれおのずから拠点となる寺院がありましたが、基本的には、個々人の学僧は、どれをどれだけ兼ねて学ぼうとも自由でした。たとえば、日本文学は甲大学でも乙大学でも学べるけれども、甲大学のほうがより充実している、というふうな感じです。

ちなみに、南都の学問寺では、仏教学である内明《ないみょう》だけでなく、医方明《いほうみょう》（薬学、医学）、工巧明《くぎょうみょう》（数学、建築土木学）、声明《しょうみょう》（サンスクリット語文法学、朗唱学）、因明《いんみょう》（論理学）の合わせて五明が必須課目とされました。

わが国で最初に成立した宗は三論宗です。「三論」の名は、インド中観《ちゅうがん》派初期の主要な三つの論書の研究を主とすることに由来します。この宗をわが国に伝えたのは高句麗の慧《え》灌《かん》です。かれは、唐に渡って吉蔵《きちぞう》からじかに三論を学び、六二五年に来日、元興寺《がんごうじ》に住して三論宗を広めました。この系統からは、浄土教の「智光曼荼羅《ちこうまんだら》」を発案した智光がいます。また、のちに真言宗《しんごんしゅう》を開いた空海《くうかい》も、この系統から出ています。

法相宗は、元興寺の道昭《どうしょう》が、六五三年に唐に渡ってじかに玄奘《げんじょう》から唯識《ゆいしき》説を学び、わが国に伝えて成立しました。道昭は、その遺言によって火葬に付されました。これがわが国最初の火葬です。なお、行基は、もともと道昭から教えをうけた人です。このほかにも、第二伝、第三伝、第四伝と、唐に入って学んだ学僧がわが国に法相宗を伝えています。なかでも重要なのは、第四伝の玄昉《げんぼう》です。かれは唐で法相宗第三祖である智周《ちしゅう》に学び、七三五年に帰朝、興福寺《こうふくじ》に住しました。初伝と第二伝は、玄奘《げんじょう》に発し、元興寺（南寺《なんじ》）伝といわれますが、玄昉によるものは北寺伝といいます。ふたつの伝のあいだには、少しばかりちがいがあるのですが、主流となったのは北寺伝による法相宗です。玄昉は僧正になり、聖武天皇から深く信頼されましたが、のちに政争に巻き込まれて失脚します。

華厳宗は、東大寺が根本道場となっています。東大寺の大仏が華厳思想系の仏だからです。この宗の正伝では、良弁《ろうべん》が新羅からきた審祥《しんじょう》に頼んで『華厳経』を講じさせたのがはじめであるとされます。良弁は、大仏建立に力があったので僧正に任ぜられています。

律宗は、日本側からの強い要請をうけ、十二年にわたる艱難辛苦《かんなんしんく》で盲目にまでなったすえ七五三年に来日した唐の鑑真《がんじん》によって成立しました。かれによって、わが国ではやっと正式な戒壇《かいだん》がそなわりました。かれが住したのが唐招提寺《とうしょうだいじ》です。

2. 平安仏教

平安遷都と仏教

奈良時代は、国際色豊かに仏教が大きく花開いた輝かしい時代でした。巨大な寺院がつぎつぎに建ち、南都六宗といわれるように、中国から移入された仏教研究も、ほぼ体制ができあがり、まさに順風満帆の船出というふうでした。また、いろいろ問題はあっても律令制によって、まずは一人前の国家体制もできあがりました。

しかし、芳《かんば》しくない事態はすぐに発生しました。まず、政治と仏教とがあまりにも深く関わりあったため、高僧が政治にじかに介入することがつづきました。政争に巻き込まれて失脚した僧としては、先の玄昉と道鏡《どうきょう》とが有名です。道鏡にいたっては、女帝に寵愛《ちょうあい》されていることを利用し、本当に政治を動かしたほどです。じつにスキャンダラスでした。

また、出家となる条件が緩すぎたため、俗人と区別のつかない出家が多数出現し、仏教界は腐敗していきました。さらに、貴族たちはこぞって寺院に荘園《しょうえん》を寄進しました。寺院の収入には課税されません。これは国庫を圧迫し、律令制の危機を招くものでした。

そこで、出家を政治から一定距離遠ざけるための政治改革、寺院をめぐる経済問題の改革、仏教腐敗分子の排除が大きな課題として浮上するようになりました。これを解決するために、七九四年、ついに桓武《かんむ》天皇は都を京に遷《うつ》しました。平安京《へいあんきょう》のはじまりです。平城京《へいじょうきょう》ができたとき、旧都であった飛鳥《あすか》地方から、有力な寺院が移転してきました。しかし、平安京の場合には、旧都からの寺院の移転をまったく認めませんでした。また、鎮護国家のために東寺《とうじ》と西寺《さいじ》を建立した以外、洛中《らくちゅう》に寺院を建立することも認めませんでした。仏教界を刷新することが、そのまま政治の刷新につながったのです。

ここに、清新な理想と新しい国家との関係を築こうとする最澄《さいちょう》や空海が大活躍し、以前とは大きく変貌《へんぼう》した平安仏教が花開く基盤ができあがったのです。

苦労した最澄

わが国天台宗の開祖が伝教大師最澄《でんぎょうだいしさいちょう》（七六六あるいは七六七〜八二二）です。最澄は近江《おうみ》の国の生まれで、近江の国分寺で十四歳のときに得度しました。ついた師、行表《ぎょうひょう》は、唐からやってきた道璿《どうせん》の弟子でした。道璿は多彩な人で、華厳と律とに通じていて、『梵網経《ぼんもうきょう》』による大乗戒を具足しており（ただし自称）、さらにまた、北宗《ほくしゅう》禅を開祖神秀《じんしゅう》の弟子から学んでいました。このことは、のちに最澄が立てた構想の基盤となったようです。

二十歳のとき東大寺の戒壇《かいだん》で具足戒《ぐそくかい》をうけ、しばらくしてから比叡山の山上に草庵《そうあん》をかまえ、山林修行に励みました。この修行は十七年にも及びました。二十二歳のときには一《いち》乗止観院《じょうしかんいん》を建てました。これがのちの根本中堂《こんぽんちゅうどう》です。この修行期間中、最澄は、『摩訶《まか》止《し》観《かん》』『法華玄義』など、とりわけ天台宗関連の典籍を熱心に読み、理解を深めていきました。

最澄は、山を下りて高雄山寺《たかおさんじ》で天台教学を講義したりしたのち、三十九歳のときに許可を得て唐に渡り、一年間留学生活を送りました。その間に、天台円教と大乗戒をうけ、密教を伝授され、牛頭《ごず》禅を学びました。

帰朝後二年目には、円、密、禅、戒の四分野を統合した天台法華《ほっけ》宗が公認され、年分度《ねんぶんど》者《しゃ》二名を朝廷から賜りました。と、このあたりまでは、桓武天皇の信任も厚く、順風満帆といったふうでしたが、八〇六年に桓武天皇が亡くなってからは、苦労の連続でした。苦労の種は三つあります。

第一の苦労の種は、最澄のもとで得度した人たちが、具足戒をうけにいったまま法相宗に留《とど》まって帰らなかったりなど、なかなか天台宗の人材が育たなかったことです。最澄は、八二〇年に上表した文書のなかで、「今円宗（＝天台宗）の度者、小乗の律儀を受けて円の三聚《さんじゅ》（＝大乗戒）を忘れ、争って名利《みょうり》を求め」と嘆いています。

当時、正式の出家となるためには、東大寺の戒壇など、限られた戒壇で小乗の具足戒をうけるしかなかったのです。こうしたことから、狭くは天台宗に人材を確保するために、広くは大乗の精髄を天下に宣揚するため、比叡山に公式の大乗戒壇を設置する嘆願運動を展開しました。

比叡山での修行は「十二年を一期《ご》とす」、「国宝とは」、などで有名な『山家学生式《さんけがくしょうしき》』も、こうした運動の一環として朝廷に提出した嘆願書の一種だったのです。ところが、戒壇を独占している法相宗を筆頭とする南都の仏教界は、朝廷に積極的に工作し、ために最澄のこの願いがかなったのは、死んだあとになってからでした。

第二の苦労の種は、それと関連して、法相宗随一の論客、徳一《とくいち》との度重なる論争でした。最澄が依拠した『法華経』の一乗思想は、仏教には、みなが仏になるためのただひとつの教え（一仏乗）があるのみだとするもので、たいへん理想主義的です。

これにたいして、同じ大乗とはいえ、法相宗はきわめて現実的で、仏教には向き不向きに応じて声聞乗《しょうもん》、縁覚乗《えんがく》、菩薩乗《ぼさつ》の三乗があり、かつまた衆生《しゅじょう》には「五姓各別《ごしょうかくべつ》」といわれるように能力、素質にちがいがあると主張します。

一乗と三乗と、どちらが真実でどちらが仮（権《ごん》）であるのかが争われたのです。そこで、この大論争を「三一権実《さんいちごんじつ》の論争」といいます。晩年の最澄は、この徳一との論争に多大な精力を費やされました。

第三の苦労の種は、密教における空海との格差でした。空海は最澄よりも長く二年間唐に留学して、徹底的に密教を修得し、胎蔵《たいぞう》、金剛界《こんごうかい》の両部曼荼羅《まんだら》をわが国にもたらしましたが、最澄が伝えたのは、胎蔵の密教だけでした。密教はその強烈な呪術力《じゅじゅつりょく》により、朝廷、貴族に大歓迎されました。最澄は、バスに乗り遅れたのです。そこで最澄は弟子に唐に渡って密教を修得してくるようにと遺言しました。

最澄の死後、弟子の円仁《えんにん》、円珍《えんちん》がその遺志を果たし、天台密教、略して台密《たいみつ》が確立し、やっと比叡山の繁栄が保証されたのです。

世渡り上手の天才、空海

中国から密教を移入し、真言宗《しんごんしゅう》を開いたのが弘法大師《こうぼうだいし》空海《くうかい》（七七三〜八三五）です。

空海は、讃岐《さぬき》の国に生まれ、十五歳のときに上京して官立の大学に入り、儒教や道教を学び、官吏への道を志しました。たぐいまれな詩文や書や語学の才能は、このときに芽を出したものと思われます。ところが、南都仏教の教えに触れ、仏教へと傾いていきました。

しかし、空海はバランス感覚に秀でた人で、二十五歳のときに著した『三教指帰《さんごうしいき》』のなかで、仏教が儒教、道教よりも優れていることを強調しましたが、儒教、道教を否定しつくしたわけではありません。

また、その書によりますと、空海は、ある僧から「虚空蔵求聞持法《こくうぞうぐもんじほう》」(ウルトラ記憶力増進法)を授かり、これを成就するために、在家の身のままで、室戸《むろと》岬など、四国の各地で修験道《しゅげんどう》的な激しい苦行を修しました。そして、三十二歳のときに得度し、ただちに唐に渡りました。

唐に着いた空海は、堪能《たんのう》な中国語を駆使して多くの出家や文人たちと交わりを結びました。また、出会ったインドの僧からサンスクリット語を教わり、またたくまにこれを修得しました。空海は、さらに、密教経典を大量に漢訳したことで有名な不空《ふくう》の弟子である青龍寺《せいりゅうじ》の恵果《けいか》に出会い、真言密教を学びました。

そして、わずか半年強のうちに、恵果から胎蔵、金剛界の学法灌頂《かんじょう》と伝法《でんぽう》灌頂をうけました。免許皆伝ということです。さらには、両部(胎蔵、金剛界)の曼荼羅《まんだら》図、厖大《ぼうだい》な数の密教経典、密教の修法に必要な法具一式を入手しました。恵果は、空海に密教のすべてを伝授しおわるや、他界してしまいました。そのとき、恵果を追悼する碑文を書くのに選ばれたのは、ほかならぬ空海でした。その後、密教は中国ではなく、日本で繁栄したのですが、その理由もなるほどとうなずけます。

帰朝した空海は朝廷、貴族から大歓迎をうけました。とくに、嵯峨《さが》天皇は空海を、本格的密教の導入者としても、また詩文と書をよくする第一級の文人としても深く信任しました。じっさい、嵯峨天皇と空海は、空海が唐に渡るときにいっしょだった橘逸勢《たちばなのはやなり》とともに「三筆《さんぴつ》」として、わが国書道史上に燦然《さんぜん》と輝いています。

空海は、『弁顕密二教論《べんけんみつにきょうろん》』などに見られるように、当然ながら、密教がそれまでの仏教（顕教《けんぎょう》）にくらべてどれほど優れているかを強調しました。しかし、最澄とちがって協調性に富み、包容力抜群であった空海は、顕教である旧来の仏教である南都仏教と親密な関係を築きました。

八二二年、空海は、東大寺のなかに真言院《しんごんいん》を設立しました。つづいて、八二三年には、朝廷から、平安京において鎮護国家を担う最重要寺院である東寺を賜りました。空海は、別に高野山《こうやさん》を切り開きました。鎮護国家の根本道場は東寺、個人の出家の本懐を遂げるための修行の根本道場は高野山という分業体制ができあがりました。さらに、空海は、東大寺の真言院においてだけでなく、広く南都仏教の諸寺院、および宮中での仏教儀礼をことごとく密教化していきました。すさまじいバイタリティーを感じます。

空海はたくさんの著作を残しましたが、もちろん、密教が顕教よりも優れていることを強調しました。その優れた点のひとつは、顕教は三劫成仏《さんこうじょうぶつ》であるのにたいし、密教は即身成仏だという点です。これをストレートに主張したのが『即身成仏義』です。それによれば、わたくしたちの心身は小宇宙、大日如来は大宇宙にあたり、わたくしたちが心身を操作して大日如来と相似になれば、大日如来が乗り移って（加持《かじ》して）仏となるといいます。

とはいえ、空海は仏になることはなく、晩年の願いは兜率天往生《とそってんおうじょう》でした。高野山の公式見解でも、空海はただいま兜率天にいて、弥勒《みろく》菩薩のもとで修行中とのことです。

比叡山、繁栄する

比叡山に大乗戒壇を置くことは最澄の悲願でしたが、弟子たちの奮闘努力のかいあって、その死後四年目、八二六年にやっと朝廷から認可が下りました。こうして、天台法華宗が名実ともに確立されたのですが、しばらくは経済的に逼迫《ひっぱく》した状況がつづきました。

比叡山を繁栄に導いた第一人者は円仁《えんにん》です。かれは、密教移入で空海に後れをとったことを悔やんだ最澄の遺言をうけ、じつに九年もの長きにわたって唐に留学し、八四七年、空海を質量ともにしのぐ成果をひっさげて帰朝しました。これにより、比叡山は、密教ということでは真言宗を圧倒する力をつけ、皇族や貴族たちがこぞって帰依《きえ》するところとなり、経済的にも一挙に繁栄への道を突き進むこととなったのです。

そればかりでなく、円仁は、天台大師《てんだいだいし》智顗《ちぎ》が四種三昧《ししゅざんまい》としてまとめた行法にもとづき、常行《じょうぎょう》三昧堂を建てました。常行三昧とは、般舟《はんじゅ》三昧（仏立《ぶつりゅう》三昧）のことです。一定期間、不眠不休、飲食をとらず、阿弥陀《あみだ》仏像のまわりを右回りでまわりつづけながら、口には阿弥陀仏の名号《みょうごう》を称《たた》え、心には阿弥陀仏の姿をありありと思い描いていくと、ついには生身《なまみ》の阿弥陀仏の姿を目の当たりにすることになるといいます。円仁の弟子である相応《そうおう》による若干の改良を経て、比叡山では今でもこのお堂で常行三昧が行われています。円仁は、日本浄土教の本格的な発展の基礎を築いたのです。死後、慈覚大師《じかくだいし》の称号が与えられました。

円仁につづいて重要な人物が登場します。円珍《えんちん》です。かれもまた唐に留学し、五年間の研鑽《けんさん》をへて八五八年に帰朝、翌年には三井《みい》の園城寺《おんじょうじ》に入り、これを比叡山の別院とし、のち天台座主《ざす》となりました。円珍がもっとも力を注いだのは、天台宗のもともとの教義と密教とを理論的に統合することでした。つまり、真言宗の空海による『法華経』の位置づけ（教判《きょうはん》）を批判して、独立した台密の完成につとめたのです。円珍は藤原《ふじわら》氏、清和《せいわ》天皇などから重用されました。のちに智証大師《ちしょうだいし》という称号を与えられています。

なお、スーパースターがつづけてふたりも出たのは、めでたいばかりでもありませんでした。平安時代も後期になりますと、円仁の系統を引く山門派と、円珍の系統を引く寺門《じもん》派との対立は激化し、双方の僧兵たちが武闘するという由々しい事態を招きました。

天台宗の教理を密教で統一しきったのは、円仁の弟子で五大院《ごだいいん》の安然《あんねん》で、真言宗ですらかれから多くを学んだほどです。また、円仁の弟子である相応は、常行三昧を不断念仏として完成しました。また、相応は、安曇川《あどがわ》の葛河《かつらがわ》の滝で修行して不動明王《ふどうみょうおう》を目の当たりにしたことをきっかけに、今日までつづく回峰行《かいほうぎょう》を開発し、その拠点として比叡山東塔に無《む》動寺《どうじ》を建てました。円仁系で天台中興の祖といわれたのが良源《りょうげん》（慈慧大師《じえだいし》）で、横川《よかわ》に法華三昧堂や慧心院《えしんいん》を立てるなどして比叡山を大いに整備しました。

山岳仏教さかんとなる

まったくわが国独自の仏教で、江戸時代ともなると市井の一般庶民までもが熱中するほど民衆に歓迎されたのが修験道《しゅげんどう》という山岳仏教です。幕末維新の二大新宗教である金光《こんこう》教も天理教も、修験道の世界との深い関わりのなかから生まれています。

「修験道」という名称がいつから用いられるようになったかは、判然としません。古来、民間信仰で死者の領域とされた深山で超人的な厳しい苦行（抖擻《とそう》すなわち頭陀《ずだ》、煩悩《ぼんのう》を払い落とす行《ぎょう》）に専念し、自他のための超能力（霊験《れいげん》）を得ることを目的とします。

修験道は、その開祖を役小角《えんのおづぬ》とします。別名を役優婆塞《えんのうばそく》というように、かれは在家の仏教信者で、終生、出家ではありませんでした。かれは、六三四年、葛城山《かつらぎさん》の麓《ふもと》の村で生まれたといいます。若くして家を捨てて葛城山に入り、三十余年にわたって洞窟《どうくつ》をねぐらとし、藤や葛《かずら》を衣とし、松の実を食べるという苦行にふけりました。その間に、孔雀《くじやく》の呪法《じゆほう》（とくに雨乞《あまご》いのための呪法）を修得し、その威力をもって人びとを糾合し、一言主神《ひとことぬしのかみ》などの鬼神をも従え、ついに朝廷から危険人物として捕らえられ、伊豆《いず》に流されても、毎日空を駆けて富士山《ふじさん》との間を往来したといいます。わが国初の仏教説話集『日本霊異《りょうい》記』に詳しく載っています。

　そのあとも、平安時代には、陽勝《ようしょう》とか泰澄《たいちょう》とか日蔵《にちぞう》などが、代表的な山岳修行者として名を連ねています。こうした山岳修行者たちは、みな仙《ひじり》、仙人と呼ばれています。のちに「聖《ひじり》」という字が用いられますが、聖もやはり山岳修行体験者です。

　右のなかでとくに重要なのは泰澄で、北陸、近畿《きんき》の深山を遍歴し、その山に住む地主《じしゅ》の神の本地をことごとく言い当てています。これは本地垂迹《すいじやく》思想（仏菩薩《ぼさつ》が、和光同塵《わこうどうじん》して垂迹したのがわが国古来の神がみであるとする考え）の魁《さきがけ》となる活動でした。

　思えば空海も、出家以前、『虚空蔵求聞持法《こくうぞうぐもんじほう》』を修得するため、室戸岬など、四国の各地で苦行に専念しました。また、山岳修行は、呪術的な霊験を得ることを目的とします。

　そこで、山岳修行は、ほとんど必然的に、密教化していきましたし、また、密教修行の一環として山岳修行が重視されました。

　こうして、山岳修行者たちは、密教教団のなかに組み入れられていきました。代表的なものでいえば、醍醐寺三宝院《だいごじさんぼういん》を拠点とする山岳修行者たちは当山派修験といわれ、聖護院《しょうごいん》を拠点とする山岳修行者たちは本山派修験といわれました。

畿内《きない》最大の修験道の霊地とされたのは、吉野《よしの》と熊野《くまの》です。これは都から南に当たるということで、陰陽道《おんみょうどう》的にも重視され、朝廷になにかしらの危機があるたびに、天皇の御幸《みゆき》が敢行されました。はるかのち、南北朝時代には南朝が吉野に拠《よ》りましたが、ここは、修験者たちがもつ全国ネットワークを十全に活用できるなど、たいへん便利だったのです。

末法思想の流行と浄土教の隆盛

すでに六世紀ごろ、インド仏教では、一種の堕落史観が行われるようになりました。すなわち、釈尊《しゃくそん》からはじまって、時代は、正法《しょうぼう》時代、像法《ぞうほう》時代、末法《まっぽう》時代へと経過していくというものです。正法時代というのは、覚《さと》りにいたる人が出る時代、像法時代というのは、教えはあって修行する人もいるけれど、覚りにいたる人が出ない時代、末法時代というのは、教えだけは残っているけれども、もはや修行する人すらもいなくなる時代です。

この三時がどのような時間の幅をもつのかについては、古くから諸説がありますが、わが国で受容されたのは、正法一千年、像法一千年、末法一万年という説です。そして、これによって計算しますと、一〇五二年（永承七年）が末法時代突入の年だということになります。

そしてわが国では、すでにその前の十世紀から、たとえば菅原道真《すがわらのみちざね》の死霊《しりよう》の祟《たた》りと見なされる事故、事件が多発して人びとを不安がらせていたさなかに、平将門《たいらのまさかど》や藤原純友《ふじわらのすみとも》によってつぎつぎと大乱が発生し、さらに人心は動揺し、末法到来まぢかし、との意識が社会に蔓延《まんえん》しました。この不安に応《こた》えたのが浄土教です。

浄土教は、仏教伝来のころから、ごく限られた個人に信奉されていました。また、奈良時代には智光《ちこう》が絵解き観無量寿経というべき智光曼荼羅《まんだら》を考案したり、当麻寺《たいまでら》では当麻曼荼羅が作成されたりしましたが、それでも浄土教はきわめて限られた人びとのものでしかありませんでした。それから、平安時代のはじめには、円仁が比叡山に常行三昧堂《じょうぎょうざんまいどう》を建て、その弟子の相応が不断念仏を確立しましたが、それでもそうしたものは、比叡山の一部の僧のあいだだけで行われていました。

ところが天慶《てんぎょう》の将門の乱を期に事態は一変します。このとき大活躍したのが市聖《いちのひじり》こと空也《こうや》（九〇三～九七二）でした。かれは、都の四条河原《しじょうがわら》で物乞い同然の生活をしながら民衆に念仏を勧め、たいへんな人気を博しました。在家の貴族で念仏の人であった慶滋保胤《よししげのやすたね》は、その著『日本往生極楽記』のなかで、天慶以前に念仏三昧《ざんまい》を修する人はまれだったが、空也が出現してから、世をあげて念仏を称えるようになったと記しています。

比叡山の千観《せんかん》は、空也から投げかけられた「いかにも身を捨ててこそ」のことばに打たれて箕面《みのお》へと出奔し、浄土教初の和讃《わさん》である『阿弥陀讃』を作り、浄土教の民衆化に貢献しました。つぎに述べる源信《げんしん》も、空也から感化を受けています。

さて、その源信（恵《え》心僧都《しんそうず》、九四二～一〇一七）は、比叡山の横川《よかわ》を拠点に活躍しました。なかでも有名なのはその主著『往生要集』です。これは、全十章よりなる大著です。とくにまず第一章「厭離穢土《えんりえど》」は、六道輪廻《ろくどうりんね》のこの世がいかに厭《いと》わしいかを説きます。とくに地獄の描写は詳細にわたり、読む人を震え上がらせました。

第二章「欣求浄土《ごんぐじょうど》」は、浄土が仏道修行に適したいかにすばらしい環境であるかを力説します。この「厭離穢土、欣求浄土」は一種のスローガンのように世のなかにひろまり、それまで現世肯定的だった日本人がにわかに現世否定的になりました。第四章「正修念仏《しょうじゅねんぶつ》」は、口称《くしょう》の念仏にも触れていますが、主としては観想《かんそう》の念仏を説いています。これは、阿弥陀仏や極楽浄土のさまをつぶさにイメージするもので、『観無量寿経』の所説が用いられます。

源信の業績は、皇族や貴族の社会に強烈な影響を及ぼしました。貴族たちは、ややもすれば抽象的な観想の念仏に具体的な手がかりを求めようとして、建築、工芸を用いました。これが浄土教芸術のはじまりです。有名なのは、藤原道長《みちなが》の法成寺《ほうじょうじ》（一〇二二）、その息子頼道《よりみち》の宇治《うじ》の平等院《びょうどういん》（一〇五三）で、こうした、極楽浄土を模した堂内に阿弥陀仏を安置し、そこで観想の念仏にふけることが大流行しました。

3. 鎌倉仏教

時代の流れ

平安時代の後期には末法《まっぽう》思想が大流行しました。そして、まるで末法時代の到来を立証するようなできごとがつぎつぎと起きました。承平・天慶の乱、保元《ほうげん》・平治の乱、源平《げんぺい》合戦、その間に頻発する地震、飢饉《ききん》、疫病流行などの大災害というわけで、世も末で、この世に救いはないという思いが人びとの心につのるばかりでした。

律令制が崩壊して貴族中心の社会へ、そして武士階級の台頭による貴族中心社会の崩壊へと、時代は大きく変化していきました。わが国の仏教も、こうした時代の流れのなかで変貌《へんぼう》を遂げていきます。

末法思想に正面から応えたのは浄土教です。鎮護《ちんご》国家の仏教は、国、共同体など社会のための仏教でした。しかし、社会が崩壊変動期に入りますと、そうした仏教は魅力が薄れ、この世では報われない個人の救済を唱える新しい仏教が待望されます。この新しい仏教こそが浄土教だったのです。不安な貴族やインテリたちには源信《げんしん》が、不安な大衆には空也《こうや》が、大きな指針を与えました。個人の救済、これが主要テーマとなったのです。

武士階級は、具体的な土地に根を下ろしながら台頭してきました。最上級以外の武士は、日常的には農業や漁業を営んでいました。ということで、武士階級の台頭というのは、貴族階級の低落、武士と密着した下層の庶民たちの地位の上昇ということを意味しました。

上昇していく階級にとって、旧来の支配階級を支えてきた旧来の仏教は不要というか、邪魔になります。新興階級は新しい価値観を求めます。古い価値観は、そうした階級にとっては、まるで手枷《かせ》足枷のように、いらぬ規制でしかないのです。

個人の救済、武士に代表される新興階級が求める新しい価値観の確立、このふたつのテーマを抱えながら、時代は平安末から鎌倉時代へと移っていきます。「鎌倉新仏教」というのは、こうしたテーマに応えるために登場し、成功した仏教なのです。

また、いわゆる「鎌倉新仏教」の大きな特徴は、それまで日本仏教の中枢であった天台宗が、法華経の読誦《どくじゅ》、止観（禅）、浄土教、密教の四部門をすべて修めること（兼修《けんじゅ》）を称揚してやまなかったのにたいし、その一部門、それも圧倒的に簡略化された一部門に専心するだけ（専修《せんじゅ》）で十分であると大胆に主張したことにあります。

決断の人、法然の浄土宗

「鎌倉新仏教」の口火を切ったのが法然《ほうねん》（源空《げんくう》、一一三三〜一二一二）で、それまでの浄土教を一新し、浄土宗という教団を開きました。革命的な人でした。

法然は、美作《みまさか》の国（岡山県）の生まれで、九歳のときに父を失い、叔父の寺で育てられ、十三歳のときに比叡山に上り、十五歳のときに受戒して出家となりました。ところが、当時、比叡山は政争、権力闘争に明け暮れていて、たえず僧兵たちが騒ぎを起こしていました。落ち着いて学問修行に専念できるような状態ではなかったのです。

そこで法然は、十八歳のときに早くも山上から遁走《とんそう》し、西塔の別所であった黒谷《くろだに》にこもりました。法然は、一切経すべてを繰り返し読んでよく理解しました。また、記憶力抜群であったため、「智慧《ちえ》第一の法然房」との令名を高くしました。のちには南都に留学し、さまざまな学匠たちからさらに深い教えを学びとり、多くの人たちと親交を結んだといいます。

円熟期に入った四十三歳のころ、法然の心に大きな変化が生じました。それまで法然は、源信の『往生要集』を愛読し、浄土教のエッセンスはここにあると思っていたのですが、この書が勧める念仏が、実質的には貴族や一部のエリートにしか実修できない「観想《かんそう》の念仏」（阿弥陀仏や極楽浄土のありさまを、精神集中してつぶさにイメージすること）だということに今ひとつ得心がいきませんでした。

そのとき出会った書が、中国浄土教の大成者のひとりである善導《ぜんどう》の『観経疏《かんぎょうしょ》』でした。そこには、「一心に専ら弥陀（阿弥陀仏）の名号《みょうごう》を念じ、行住坐臥に時節の久近《くごん》を問わず（どんなときにでも）、念念に捨てざる、これを正定《しょうじょう》の業《ごう》と名づく。かの仏（阿弥陀仏）の願（本願）に順ずるがゆえに」と書いてありました。法然は、この短い一節に、まったく新しい教えを読みとったのです。

つまり、『観経疏』でいっているのは、称名《しょうみょう》の念仏（口称《くしょう》の念仏）こそが、極楽往生をかなえるもっとも正しい念仏であり、そのことは、阿弥陀仏の本願である四十八願のうちの第十八願に、「わが国（極楽）に生ぜんと欲するものがわが名を称《たた》え、乃至《ないし》十声に至るまでも往生せしむる」とあることによって保証されている、ということです。

法然は、称名の念仏が阿弥陀仏の本願にもとづいていることを強調して、それを「本願念仏」と呼びました。そして法然は、この本願念仏が「極楽往生のためにもっとも正しい行い」であるならば、ほかのことを差し置いて、称名の念仏一本にしぼってこれを修するのがもっとも理にかなっていると考え、「専修《せんじゅ》念仏」という構想にたどりつきました。そしていよいよ、法然は、その主著『選択《せんちゃく》本願念仏集』を著し、浄土宗を立てたのです。

もっとも、法然は、革命的ではあったけれどもたいへん穏健な面もあり、称名の念仏以外の仏教修行（雑行《ぞうぎょう》）の価値を頭から否定したわけではありません。たとえていえば、法然は、大学を卒業するためにふたつのコース、つまり専修念仏コースと雑行コースを設け、専修念仏のほうがお勧めだけれども、向き不向きなどもあり、雑行コースを選びたい人はどうぞ、といったふうだったのです。

しかし、専修念仏ということは、総合大学的に雑行を複合的に修することを旨としていた比叡山にとっては、みずからの存在価値を否定するもので、とてもうけいれられるものではありませんでした。

『選択本願念仏集』を著したあと、法然は洛東《らくとう》の吉水《よしみず》というところに草庵をかまえて浄土宗の布教活動を行いました。たくさんの弟子たちが参集しましたが、そのなかに、のちに浄土真宗を興す親鸞《しんらん》もいました。法然の教えを非とする比叡山は、ついに朝廷に工作し、法然一門を弾圧しました。法然も親鸞も流罪、弟子のなかには死罪を得た人もいます。それでもなお法然の灯《とも》した明かりは消えるどころか、ますます輝きを増したのです。

悩みぬいた人、親鸞の浄土真宗

親鸞《しんらん》（一一七三～一二六二）は、浄土宗を興した法然の弟子でしたが、師の教えをラディカルに推し進めて独自の世界観を構築し、浄土真宗を興した人です。

親鸞は京都の生まれで、九歳で得度して比叡山に上り、二十年間、常行三昧堂《じょうぎょうざんまいどう》の堂僧を務めるなどしながら、学問修行に励みました。しかし、親鸞は煩悩《ぼんのう》の多い人で、いくら修行してもその成果が身につかないことを大いに悩みました。二十九歳のとき、その悩みを解決しようと山を下り、六角堂《ろっかくどう》でお籠《こ》もりをしたところ、九十五日目に夢に聖徳太子《しょうとくたいし》が姿を現すという非日常的な体験をしました。これを縁として、親鸞は吉水にいる法然のところに通いつめ、ついには『選択本願念仏集』を書写することを許されるまでにいたりました。親鸞は法然を信頼し切り、法然も親鸞をもっとも優秀な弟子のひとりとして認めたのです。

山を下りてからは、親鸞はみずからの煩悩の深さを自覚し、出家の身でありながら妻帯していることを公にしました。妻帯していて、しかもそれが公然の秘密であっても、なおそれを公にはしない多くの出家たちのなかにあって、それは大きな決断でした。子供ももうけました。善鸞《ぜんらん》です（ずっとのちに、勝手に父親親鸞の秘説なるものをもちだして関東の信者たちを混乱させ、これを遺憾に思った親鸞によって義絶（勘当《かんどう》）させられました）。

そして、法然一門が弾圧されたとき、親鸞は還俗《げんぞく》させられた上で越後《えちご》に流されました。そこで知り合って結婚した女性が有名な恵信尼《えしんに》です。と、このあと親鸞は、おのれの煩悩の深さの自覚と、還俗させられ流罪に処せられたことへの無念の思いとから、みずからを四百年前の念仏者、非僧非俗の教信沙弥《しゃみ》になぞらえて「僧に非《あら》ず、俗に非ず」「愚禿釈《ぐとくしゃく》の親鸞」と称しました。

一二一一年、流罪の罪を解かれてから、親鸞は京都にすぐに戻らず、関東は常陸《ひたち》の国（茨城県）の稲田《いなだ》を拠点に、六十歳少しすぎまで、思索と布教の日々を送りました。この間に、親鸞は、その主著とされる『教行信証《きょうぎょうしんしょう》』を書きつづっていきました。親鸞はその後京都に戻りました（その理由はかならずしも判然としていません）が、そこでまず『教行信証』を完成させ、『愚禿鈔《ぐとくしょう》』、『浄土和讃《わさん》』をはじめとする多くの和讃、『末灯鈔《まっとうしょう》』など、数多くの著作をなしました。また、関東の信者たちとのあいだでさかんに書簡を交わしました。

親鸞の教えの核心は、「絶対他力《たりき》」です。これは、まず、自力《じりき》で悟りを得たり、自力で極楽往生の資格を獲《か》ち得る（自力作善《じりきさぜん》）などということは、少なくとも煩悩だらけの自分にはまったく不可能であるとの自覚（悪人の自覚）が前提となります。

その上でこう考えます。思えば、阿弥陀仏は、煩悩まみれの衆生《しゅじょう》を無条件で救済する誓願（本願）を成就されたからこそ、現在、仏となり、極楽の教主《きょうしゅ》となっておられるのだ。じつは、蛇や蠍《さそり》のように悪性《あくしょう》やめがたい救いのない凡夫《ぼんぷ》は、すでに他力である阿弥陀仏の本願によって救われ終わっているのだ。これをそのまま受容し信じ、南無阿弥陀仏をただ一度でも称えればそれで救われる確信を得られるのだが、名号を称えることも、また本願を信ずることも、これまたじつは阿弥陀仏の他力の力によってなさしめられるものなのだ。結局あるがまま（自然法爾《じねんほうに》）ということに尽きるのだけれども、それ自体じつは阿弥陀仏の力、本願の力、つまり絶対的な他力のなせるわざなのだ。と、これが「絶対他力」の教えです。

ところが、親鸞にはまたまた大きな悩みが生じます。もう救われ終わっているのだ、あるがままがそのまま絶対他力なのだという考えは、ならば煩悩、欲望の赴くままに、どんな悪いことをしてもかまわないのだ、という考えに直結します。これを「造悪無礙論《ぞうあくむげろん》」（すでに救われているのであるから、どんな悪事をはたらいても、極楽往生のさまたげとはならないとする考え）といいます。関東の信者のなかからは、この造悪論に走る人がたくさん出てきました。結局、親鸞はこの造悪論を根底からくつがえすことはできなかったようです。

すべてを捨てた一遍の時宗

一遍《いっぺん》（一遍房智真《ちしん》、一二三九〜一二八九）は、浄土教の流れをうけ、時宗《じしゅう》（時衆とも）を開いた人です。わが国には珍しく、出家生活の原点のひとつである「一所不住」「乞食遊《こつじきゆ》行《ぎょう》」を守り通し、日本中くまなく巡歴したことは、特筆にあたいします。

一遍は、伊予《いよ》の国（愛媛県）の生まれで、出家した父の影響下、十三歳のとき太宰府《だざいふ》で得度し、念仏上人《しょうにん》とうたわれた浄土宗西山《せいざん》派の聖達《しょうだつ》の門下となりました。また、肥前《ひぜん》の国（佐賀県）に足をのばして華台上人のもとでも浄土教を教わっています。二十五歳のとき、父の死をきっかけに一時故郷に戻りましたが、一族の争いを見て、家族愛がかえって煩悩《ぼんのう》の最たるものであることに深く思いを致し、家を捨て、善光寺《ぜんこうじ》に参籠《さんろう》したり、伊予の国の山中で三年にわたって修行したりしたのち、乞食遊行の本格的な出家生活へと入りました。

このときの決意の堅さゆえに、一遍は生涯、初志を貫きました。

一遍は、当初、かつて法蔵比丘《ほうぞうびく》が阿弥陀仏になったとき、本願は成就され、すべての衆生が極楽に往生することは決定されているので、そのことへの確信を一声《いっしょう》の念仏（一念の信）で表せばそれで救われる、との考えをもっていましたが、熊野に参詣《さんけい》して神託をうけてからは、「信不信をえらばず、浄不浄をきらはず」との確信を得ました。

そこから一遍はさらにこう考えました。すなわち、衆生の極楽往生が決定しているということは、念仏を勧める人のはからいによるのでもなく、念仏する人の功徳《くどく》によるのでもなく、念仏、名号《みょうごう》そのものの力（インド古来のことばの力信仰に由来）によるのだ。さらにいえば、念仏を称える衆生《しゅじょう》は、そのまま阿弥陀仏にほかならないのだ、と。これを「機法一体」といいます。そこで、時衆の門下たちは、みな、「〜阿弥陀仏」「〜阿弥」と名乗りました。

一遍の思想を知るときの第一級の資料である『一遍上人語録』には、「よろづ生きとし生けるもの、山河草木、ふく風たつ浪《なみ》の音までも念仏ならずといふことなし」とあります。これはもう、仏教の天井を突き抜けて、わが国古来のアニミズムの世界そのものだといえます。出家生活はインド的、たどりついた窮極の思想は日本的なのです。

一遍は、賦算《ふさん》（化益《けやく》）ということを行いました。これは、札（算）を配る（賦）ということで、その札には、「南無阿弥陀仏　決定往生《けつじょう》六十万人」と書かれていました。熊野での体験以来、一遍は、極楽往生が決定していることを信じている人にも、信じていない人にも、念仏を勧めながら無差別平等に札を配りました。

一遍と時宗の門下は、すべてを捨てることをモットーとしました。一遍の述懐によりますと、この精神は、はるか昔の空也《こうや》のことば、「いかにも身を捨ててこそ」をうけたものだといいます。そこで、時宗に属する人は、「捨聖《すてひじり》」と呼ばれます。

さらにまた、一遍が空也からうけついだのは、「踊り念仏」でした。極楽往生が決定されていることに確信を得ると、一遍とその仲間たちは、勇躍歓喜《ゆうやくかんぎ》して、おのずから踊ったといいます。この念仏踊りがもととなって全国に普及したのが「盆踊り」です。時宗の人びとは、感動を表出することを習いとし、また、全国ネットワークをもっていましたので、やがて、能、絵画、連歌、俳諧《はいかい》連歌などの芸術を育てる大きな役割を担うことになりました。

なお、「時宗（時衆）」というのは、中国浄土教の善導《ぜんどう》の『観経疏《かんぎょうしょ》』に、「道俗時衆等、各《おのおの》無上心を発《おこ》す」とあるところからきているといいます。そのときそのときに集まった仲間、というのが「時衆」の語源です。時衆は、固定的な教団ではなかったということです。

また、時衆には、一遍につきしたがって遊行する本格的な捨聖としての「道時衆」と、在家のままで一遍などの捨聖に帰依する「俗時衆」とがありました。

文化人、栄西と臨済宗

禅をわが国に最初に伝えたのは奈良時代の道昭《どうしょう》で、その後、北宗禅《ほくしゅう》を事前に学びながらも、中国で牛頭《ごず》禅を修めた最澄《さいちょう》も含め、何人もの人が中国から禅を学んでわが国に伝えましたが、一宗として独立したものにしたのは、鎌倉時代の栄西《ようさい》が最初です。

栄西（一一四一～一二一五）は、はじめから禅一筋という人ではありませんでした。

栄西が生まれたのは備中《びっちゅう》の国（岡山県）で、十一歳のとき地元の寺で得度して天台教学や密教を学んだのち、十九歳のとき比叡山に上り、学問修行に専心しました。そのときとくに関心のあったのは台密《たいみつ》でした。二十七歳のとき宋《そう》にわたりましたが、このときに学修したのは密教で、帰朝後、密教の一派を作ったほどです。ところが、四十七歳のときに再び宋にわたったときには、天台山《てんだいさん》の虚庵懐敞《きあんえしょう》のもとで臨済宗黄龍派《りんざいしゅうおうりゅうは》の禅を、じつに五年間かけて学び、ついには印可《いんか》（免許皆伝）を受けてから帰朝しました。

日本に帰ってからの栄西は、たいへん積極的に活動しました。まずはじめに、博多《はかた》にふたつの寺を建立し、『出家大綱』を著しました。さらにつづいて栄西は主著とされる『興禅護国論』を著し、禅修行するためには、禅宗という独立した組織がなければならず、厳しい規律を貫く禅宗の立場に立ってこそ、王法も仏法も栄えると主張しました。

これは、みずからをみずからの努力によって厳しく律することを生活信条とする武家たちの歓迎するところとなり、栄西は、ついに鎌倉幕府の招請によって鎌倉《かまくら》に赴き、寿福寺《じゅふくじ》の開山《かいさん》となりました。しかし、当時、朝廷と親密な関係をもつ比叡山の力は強く、そのため、栄西がその寺で主として行っていたのは禅ではなく、密教でした。栄西は、源頼家《みなもとのよりいえ》に深く信頼され、その援助のもと、都に建仁寺《けんにんじ》を建立しました。のちにこの寺は、純粋に禅を行う本格的な禅寺として繁栄することになるのですが、栄西のときには、まだ天台宗の別院の扱いで、真言宗、天台宗、禅宗の三分野を並行して修することを余儀なくされました。

文化人としての栄西の業績としてもっとも有名なのは、『喫茶養生記《きっさようじょうき》』です。栄西は、宋から茶をわが国にもたらしたのです。当初は、茶は、心身を健やかにするための薬とされていました。厳しい戒律でおのれを律する禅修行には、心身の管理がことさら要求されます。そこで、わが国では、禅宗の寺院を中心に、喫茶の習慣ができあがっていったのです。室町時代に確立した本格的な茶道も、一休《いっきゅう》などの禅僧の貢献によるところ大です。

栄西の活躍が呼び水になって、やがて本格的な禅がわが国にもたらされました。栄西の没後三十年に、宋から蘭渓道隆《らんけいどうりゅう》が来朝し、北条時頼《ほうじょうときより》が建立した建長寺《けんちょうじ》の開山となりました。ここに確立されたのが「鎌倉禅」で、純粋に禅のみが学究されました。これは画期的なことで、かれのもとにはたちまち二百人以上の門下生が集まりました。かれの孫弟子には有名な寂室元光《じゃくしつげんこう》がいます。

宋からさらに禅僧がやってきました。短期在朝で終わった兀庵普寧《ごったんふねい》もいましたが、大活躍したのは無学祖元《むがくそげん》です。かれは、北条時宗《ときむね》が建立した円覚寺《えんがくじ》の開山となり、蒙古《もうこ》に対抗する時宗を激励し、鎌倉武士の教化《きょうけ》に多大の成果を上げました。そして、建長寺と円覚寺は官刹《かんさつ》とされ、禅宗は完全な独立宗となりました。

これとは別に、南浦紹明《なんぽじょうみん》（大応国師《だいおうこくし》）が一二五九年に宋にわたり、じつに八年間にわたって留学生活を送り、臨済宗の系統に属する楊岐《ようぎ》派の禅をわが国に伝えました。かれが伝えた臨済宗は日本臨済宗の主流を形成しました。この流れには、宗峯《しゅうほう》妙超《みょうちょう》(大燈国師《だいとうこくし》)、関山慧玄《かんざんえげん》がつづき、「応・燈・関」といわれています。

臨済宗とは別系統である曹洞宗《そうとう》の禅を伝え、わが国に根付かせ、わが国の禅宗の一大潮流の基礎を築いたのは道元《どうげん》です。

厳格の人、道元と曹洞宗

道元(一二〇〇〜一二五三)は、京都の生まれで、貧しい貴族の久我通親《こがみちちか》の子(別説あり)でした。十三歳のときに比叡山に上がり、天台教学を学びました。

天台宗では、平安時代のおそらく中期ごろから、本覚《ほんがく》思想が口伝《くでん》の秘説として流行しました。これは、インドの一元論から影響をうけた『大乗起信論』にもとづくもので、わたくしたちは永遠の昔から覚った人(本覚)、つまり仏なのだが、あたかも埃《ほこり》のために鏡が曇るように、外からきた煩悩《ぼんのう》(客塵《きゃくじん》煩悩)にくらまされて、迷っているのだ、という考えです。

道元は、この本覚思想に触れ、大きな疑問をいだきました。もともと修行を完成した仏であるならば、今さら修行をする必要がどこにあるのか、と考えたのです。

道元は、師の明全《みょうぜん》の指示で鎌倉に栄西を訪ねたりしましたが、この疑問は解けず、ついに二十四歳のとき、疑問解決のために、明全につきしたがって宋に渡りました。

宋の港についた道元は、いきなり深い衝撃をうけます。すなわち、道元が乗った船は、干し椎茸《しいたけ》を積んでいました。すると、ある禅の老僧が、干し椎茸を買い付けにやってきました。かれは、寺の料理番（典座《てんぞ》）だったのです。道元は、あなたのような立派な老僧が、なんで下働きのようなことをするのかと質《ただ》しました。

すると老僧は笑って、日本からきたお若い人よ、あなたは修行のなんたるかがおわかりになっていないといいました。これをきっかけに、道元の求道心はいやが上にも高まりました。帰国後、道元は『典座教訓』という書を著し、行住坐臥《ぎょうじゅうざが》、修行でないものはなにもないということを強調しています。

道元は、それから各地を歴訪したのち、最終的に天童山《てんどうざん》の如浄《にょじょう》の門下となり、「身心脱《しんじんだつ》落《らく》、脱落身心」という体験をし、印可《いんか》（免許皆伝）を得て一二二七年に帰国しました。

帰国後、まず建仁寺に住して『普勧坐禅儀《ふかんざぜんぎ》』を著しました。これは、坐禅の心構えと方法とを簡潔に記したもので、今日でも初心者には有益です。その後、一二三〇年には深草《ふかくさ》の安養院《あんよういん》に住し、「弁道話《べんどうわ》」（主著『正法眼蔵《しょうぼうげんぞう》』の一章を構成）を講じ、「只管打坐《しかんたざ》」を唱えました。これは、「ただひたすら坐《すわ》れ」との意で、黙照《もくしょう》禅の流れをうけていますが、じつは、道元なりに解釈しなおした本覚思想を表明したものでもあります。

道元は、「修証一等《しゅしょういっとう》」ということをいいます。修行と覚り（証）とは、じつは不可分一体のものだというのです。道元は、本覚思想の上に立ちますから、修行という手段によって彼岸《ひがん》に渡り、覚りを得るとは考えません。なぜなら、わたくしたちはみな、本来、永遠の昔から覚った人だからです。

しかし、いくら本来覚った人、仏なのだといわれても、わたくしたちはまったくその実感をもてません。そして、考えてみれば（道元によれば）、あの釈尊も、仏となったあとも修行していた。つまり、修行という形態をとらなければ、覚りは顕《あら》われてこない、実感されないということなのです。

さて、道元のこうした大胆な新しい解釈は比叡山の怒りを買い、寺は破壊されてしまいますが、有力者に招かれて、越前《えちぜん》の国（福井県）の志比庄《しびのしょう》に移り、一二四四年、そこに大《だい》仏寺《ぶつじ》を開きました。これがのちに改称されて永平寺《えいへいじ》となります。一二四七年には北条時頼に招かれて鎌倉に赴きますが、翌年には帰ってしまいます。

以来、道元は、権力者と親交をもつことを忌み嫌いました。弟子のなかにそうした者が出たときには、破門した上に、その弟子がふだんいた場所の床下の土を掘って捨てさせたといいます。

道元は、「永平清規《しんぎ》」という厳しい戒律も制定し、厳格な修行生活を自他に求めましたが、弟子への教えはじつに懇切丁寧でした。道元の日常的な言動については、弟子の孤雲《こうん》懐奘《えじょう》がまとめた『正法眼蔵随聞記《ずいもんき》』に詳しく、道元の魅力がよく伝わってきます。

情熱的な日蓮の活躍

日蓮《にちれん》（一二二二～一二八二）は、安房《あわ》の国（千葉県）の小湊《こみなと》で、漁師の子として生まれました。十二歳のときに地元の清澄寺《きよすみでら》に入り、十六歳で得度して是聖房蓮長《ぜしょうぼうれんちょう》と称しました。のちに、鎌倉に赴いて浄土宗や禅宗の教えに触れ、そしていったん清澄寺に戻ったのち、比叡山に上がり、さらには三井寺、高野山などを遍歴しました。

この中身はよくわかっていないのですが、ともあれ日蓮は「法華経の持者《じしゃ》」となって故郷に戻り、一二五三年四月二十八日（三十二歳）に、清澄寺で大衆を前に、法華経への絶対的帰依《きえ》を力説し、「南無妙法蓮華経」の題目を高らかに唱えました。そして、名前も、蓮長を改め、日蓮としました。日蓮宗の公式見解では、この日こそが立教開宗の日だとしています。

やがてすぐに、日蓮は、「法華経の持者」からさらに進んで、「法華経の行者《ぎょうじゃ》」へと自己認識を深めていきます。そして、法華経こそが絶対であるという信念のもと、念仏を烈《はげ》しく非難したため、地頭の怒りを買い、その年のうちに故郷を追い出されてしまい、鎌倉へと向かい、幕府のお膝元《ひざもと》での布教を開始しました。

一二六〇年、三十九歳の日蓮は、『立正安国論《りっしょうあんこくろん》』を著し、幕府に上呈しました。この書のなかで、日蓮は、とりわけ念仏を烈しく非難し、法華経を国の中枢に据えるべきだと主張しました。当時、天変地異や疫病が立てつづいていましたが、これは、民衆を救済する原理がないためであり、したがって、必要とされるのは、『法華経』を象徴として統合された宗教（実乗《じつじょう》の一善）であり、また、信心はたんに個人個人の場面でなく、国家的な場面において発揚されなければならない、と日蓮は力説します。

ところが、日蓮のこうした構想にとっての最大の妨害者は、統合とはまったく逆の「選択廃立《せんじゃくはいりゅう》」を唱える法然系統の念仏者たちでした。そこで日蓮は、すみやかに念仏宗を禁じ、謗法《ぼうほう》の者を退治すべきであると幕府に進言し、さもなければ、他国侵逼《しんぴつ》の難（外寇《げこう》）や自界叛逆《ほんぎゃく》（内乱）が起きるであろうと予言しました。しかし、この書は無視されたばかりでなく、かえって日蓮は伊豆に流されることになりました。ここから日蓮の苦難の生涯が始まります。

許されて鎌倉に戻った日蓮が故郷を訪ねたとき、念仏者である地頭がこれを小松原《こまつばら》で襲撃し、門弟二人が斬殺《ざんさつ》され、日蓮も負傷するという事態になりました。

また、一二六八年、蒙古から国書が届いたことで予言が的中したと考えた日蓮は、また幕府にたいして「国主諫暁《かんぎょう》」を敢行し、禅宗、念仏宗、律宗などを烈しく攻撃、今や故人である北条時頼などは無間《むけん》地獄に堕《お》ちていると断言したため、捕らえられ、龍《たつ》の口《くち》で処刑されかかりましたが、なんとか許されて佐渡島《さどがしま》に流されました。

佐渡島で、日蓮は新しい心境に到達します。それを記したのが『開目抄《かいもくしょう》』です。日蓮は、これまでを顧み、それを「諸《もろもろ》の無智の人あって悪口《あっく》罵詈《めり》す」「刀杖瓦石《とうじょうがしゃく》を加う」などの『法華経』の文言と照らし合わせ、その予言がいかに正しいかがわが身において立証されたとし、みずからが「如来の使」であると自覚します。そして日蓮は、『法華経』を広めるために、無知悪人にたいしては包容をもってのぞみ、邪智謗法の者にたいしては折伏《しゃくぶく》をもってのぞみ、薬王《やくおう》菩薩《ぼさつ》のように、不惜身命《ふしゃくしんみょう》でのぞむとの決意を固めました。

佐渡島から戻った日蓮は、また幕府に働きかけましたが、蒙古が戦に破れて一件落着したことで「外寇、内乱」の予言ははずれ、結局、身延《みのぶ》に籠《こ》もって生涯を終えました。

日蓮が提唱した新しい仏教は、みずからの内面を深く反省し、心を修める従来の現世否定的なものではなく、積極的に社会に働きかけてみずからの願望を実現することに終始する、きわめて現世肯定的なものであり、その意味で、仏教史上きわめて特異なのです。

旧仏教がんばる

鎌倉時代には、以上のように、新しい仏教がつぎつぎと誕生していきました。これにたいして旧来の仏教も、ただ停滞していたのではなく、むしろそうした事態に刺激をうけ、新改革運動などを積極的に展開するなど、かえって活況を呈したほどです。

律宗では、戒律の研究が盛んになり、廃《すた》れていた戒律を再認識したり、東大寺戒壇院《かいだんいん》の受戒作法《さほう》を復活したりといった運動が熱心に展開されました。また、律宗は、大規模な社会事業に取り組みました。西大寺《さいだいじ》の叡尊《えいそん》は、悲田院《ひでんいん》や療病舎《りょうびょうしゃ》を建てて物乞《ものご》いや悪性の病に苦しむ人びとの救済にのぞみ、のちに朝廷から興正《こうしょう》菩薩との称号を贈られました。

その弟子の忍性《にんしょう》は、鎌倉に極楽寺《ごくらくじ》を開いて住し、悲田院や療病舎ばかりでなく、道を拓《ひら》き、橋を建造し、井戸を掘るなどの土木事業を大規模に行いました。動物のための病院も作り、「医王如来」と称《たた》えられ、「忍性菩薩」といわれました。

法相《ほっそう》宗では、有名な唯識学入門書である『百法問答抄《ひゃっぽうもんどうしょう》』の著者とされる興福寺の蔵俊《ぞうしゅん》が宗学復興の口火を切り、その孫弟子の解脱上人貞慶《げだつしょうにんじょうきょう》が広い学識をもとに法相宗を再興しました。かれと弟子とが共同研究のすえ刊行した『唯識論同学鈔《しょう》』は、鎌倉時代における唯識研究の最高峰と見なされています。

華厳宗では、平重衡《たいらのしげひら》によって消失した東大寺の大仏殿を再建するために、俊乗房重源《しゅんじょうぼうちょうげん》が全国行脚して勧進《かんじん》を行い、十五年の歳月のすえ、大仏殿再興を果たしました。また、高雄山の明恵上人高弁《みようえしようにんこうべん》は、『摧邪輪《さいじやりん》』や『荘厳記《しようごんき》』で、法然を理論的に批判しました。

歴史学的な仏教研究もさかんになりました。代表人物は凝然《ぎようねん》で、かれは、律宗にも、法相宗にも、華厳宗にも通じていた大学者で、『三国仏法伝通縁起《でんづう》』『八宗綱要《はつしゆうこうよう》』など、今日でもなお参照するにあたいする有益な書を残しました。

4．室町から安土桃山時代の仏教

浄土真宗ブレイクする

親鸞《しんらん》が亡くなったあと、遺骨は京都は大谷《おおたに》に建てられた廟《びょう》に収められ、主に遺族によって守られました。これが大谷本願寺《ほんがんじ》のはじめの姿でした。関東では、親鸞の弟子たちが、それぞれに信心の道を歩み、高田《たかだ》の専修寺《せんしゅじ》門徒、報恩寺《ほうおんじ》に拠《よ》る横曾根《よこそね》門徒、鹿島《かしま》門徒などのグループを形成しました。本願寺では、親鸞の曾孫《ひまご》である覚如《かくにょ》が、『報恩講式』『改邪鈔《しょう》』を著すなど真宗の教義の確立に努めましたが、のちにわが国最大の仏教教団となる基礎を築いたのは、蓮如《れんにょ》（一四一五〜一四九九）でした。

蓮如は、一四五七年に本願寺八世となるや、たちまちたぐいまれな教化《きょうけ》力を発揮し、近江で有力な信徒を得ますが、比叡山の反発を買い、本願寺は破壊されます。その後、一四七一年に蓮如は越前の国（福井県）は吉崎《よしざき》に坊を建て、ここを拠点に精力的に教えを広め、一四八〇年には山科《やましな》に本願寺を建てました。子供の数は十三男十四女に及びます。

蓮如は、消息（手紙）を教化の最大の手段としました。これらの消息をのちにまとめたのが『御文《おふみ》』（御文章《ごぶんしょう》）で、これ以降、真宗の門徒たちの基本テクストは、宗祖親鸞の著作ではなく、もっぱら『御文』ということになりました。蓮如の教えはじつに平明簡潔、一般庶民の痒《かゆ》いところに手の届くような丁寧さがありました。

その教えの核心は、「人は在家のまま、何の修行もする必要はなく、殺生《せっしょう》ゆえに賤《いや》しいとされる職業についている人でも、またどんな悪人でも、一念発起《いちねんほっき》の信心が定まったときに、極楽往生が決定する」という簡明なものでした。

また、蓮如は平等主義を貫き、これも民衆に歓迎されました。たとえば、蓮如は、真宗の門徒はみな平等に親鸞の弟子であって、自分の同行《どうぎょう》、同朋《どうぼう》であるとしました。また人と対するときには、高座ではなく平座に坐《すわ》りました。こうして、時衆の人までも大量に本願寺門徒に改宗させ、本願寺は大勢力を抱えるにいたりました。

一向一揆しきりに起きる

蓮如は、吉崎にいたとき三カ条の掟《おきて》をもうけ、これを破った者の道場への出入りを禁止しました。それは、諸法諸宗を誹謗《ひぼう》しない、諸仏諸神を軽んじない、信心によって今生《こんじょう》に往生を遂げるべし、というものでした。また、「王法をもておもてとし」として政治権力とのいさかいを禁じました。ということは、他の宗派にたいして非妥協的強硬な姿勢をもち、政治権力とことをかまえる門徒がたくさんいたということです。

また、蓮如は、とくに農民を教化するときには、行政単位としての村落全体を教化する手法をとりました。そして、寄合《よりあい》、談合を同朋主義の具体的姿として奨励し、横の連帯性を強めました。こうしたことが、蓮如の意に反して、門徒を政治集団化させたのです。村落の門徒たちは、主に年貢の減免を求めて、しばしば武力に訴えるようになりました。真宗は別に一向宗《いっこうしゅう》（ひたむきな人々）とも呼ばれていましたので、これを一向一揆《いっき》といいます。

そのなかでも最大のものは北陸におけるものでした。門徒たちは、加賀《かが》の国（石川県）の守護富樫《とがし》氏内部の権力闘争に介入し、ついに一四八八年には加賀一国を手中に収めました。この状態は百年もつづきます。門徒が大名と同じ力をもったのです。そのため、足利《あしかが》将軍や多くの戦国大名たちは、本願寺と手を結びました。そうでない大名は、本願寺を敵にまわし悪戦苦闘しました。

蓮如が隠居所として開いた大坂石山寺《おおざかいしやまでら》は、戦国時代のまっただなかには、石山本願寺と称し、指導者の顕如《けんにょ》は、最大の敵対勢力織田信長《おだのぶなが》を打倒するために、各地に一揆を起こさせました。しかし、織田信長は、伊勢《いせ》長島《ながしま》の一揆、加賀越中《えっちゅう》の一揆、雑賀《さいか》一揆を順次撃破し、十一年かけて石山本願寺を屈服、開城させました。

一向一揆の歴史的意義についていろいろ議論はあるようですが、たとえば、宗教と一体化した民族の弾圧に抗して立ち上がり、といったふうのものとは無縁だとはいえます。

優雅な五山仏教

室町時代にわが国の上流文化を担ったのは、京都五山の僧たちでした。鎌倉幕府、室町幕府が直接庇護したのは臨済宗でした。そこで、鎌倉時代には鎌倉五山の制度が、室町時代には京都五山の制度ができました。中心的な寺院に幕府が肩入れすることによって、統制も利かせようとの意図でした。

一三六八年、将軍足利義満《よしみつ》は、「五山十刹《せつ》」の制度を設けました。まず、南禅寺《なんぜんじ》を別格の上とし、天竜寺《てんりゅうじ》、相国寺《しょうこくじ》、建仁寺《けんにんじ》、東福寺《とうふくじ》、万寿寺《まんじゅじ》を五山としました。五山では、漢詩、漢文によるいわゆる五山文学が盛んに行われ、インテリ文化が大きく開花しました。もともと、五山文学の基礎を築いたのは、一山一寧《いちさんいちねい》という僧です。かれは、元《げん》の使者として来朝し、南禅寺に住しながら、禅宗の学問ばかりでなく、多くの儒教家の説に通じ、俗説にいたるまで博覧強記で、その上、たぐいまれな文才がありました。そのかれの弟子の虎関師錬《こかんしれん》が、のちに大流行する五山文学の先駆者となりました。そして、十四世紀は五山文学の最盛期で、漢詩、漢文を得意とする文学僧がたくさん出現しました。

また、中国の山水画の影響をうけて、五山では水墨画が流行し、雪舟等楊《せっしゅうとうよう》などの傑物がつぎつぎと活躍しました。また、寺院では書院建築が流行し、また、禅味あふれる庭園を造成する技術も発達し、今日にまで残る日本の建築美、庭園美の伝統を作りました。

とはいえ、華やかで風流なのは、安易、放逸《ほういつ》な気風を生むこととなり、禅本来のあるべき姿を追究する態度がおろそかになりました。

そこで、五山に数えられていない大徳寺《だいとくじ》や妙心寺《みょうしんじ》が本格的な厳しい禅学修行の場となり、一休宗純《いっきゅうそうじゅん》などの名僧を多数輩出しました。とくに大徳寺には、文芸至上主義を嫌う志の高い僧が集結し、やがて多くの戦国大名の帰依をうけ、大徳寺系統の臨済禅が、全国各地に広まっていきました。

5. 江戸時代の仏教

その特色

江戸時代の仏教の特色は、幕府という中央権力によって、規制の著しく緩かった戦国時代の反動で、わが国はじまって以来もっとも厳しく統制されたということです。

まず第一に、徳川《とくがわ》幕府は、封建制度とはいってもきわめて中央集権的な政治体制を目指し、あらゆるところを規制しました。寺社もその例外ではなく、厳しい法度《はっと》が下されました。また、寺社の取り締まりを専門に行う寺社奉行の制度も設けました。

第二に、徳川幕府は、切支丹《きりしたん》(キリスト教徒)禁制を徹底するために、いわゆる「寺請《てらうけ》制」を作り、仏教寺院を民衆管理の末端官僚機関として利用しました。これは、仏教側が努力することなしに日本人全員がかならずどこかの寺の檀家《だんか》となる制度でもあり、寺の経済は安定しましたが、そのぶん、仏教側は安逸《あんいつ》に流れていきました。

第三に、徳川幕府は、仏教側が自由に布教活動を展開することを厳しく禁じました。そのため、志の高い僧たちのエネルギーは、各宗派の教学にたいする精密な研究へと費やされました。ここに、今日まで伝わる「宗学《しゅうがく》」の伝統が形成されました。

一方、江戸時代には、仏教文献の出版がたいへん活発になりました。以前から、さまざまな仏教文献が刊行されてきましたが、江戸時代には出版業が盛んとなり、出版技術者もたくさん出現しました。そこで、かつてアイデアは出されても実現しなかった一切経の刊行が現実化しました。

最初に刊行された一切経は天海《てんかい》版で、将軍家に信任の厚かった天海僧正が発案し、一六四八年に完成しています。つぎに刊行されたのは一六八一年完成の鉄眼《てつげん》版です。これは、肥後《ひご》の国（熊本県）出身の鉄眼道光《どうこう》が、東奔西走しながら民間から寄付を集めて作った労作で、天海版よりもはるかに広く世間に流布しました。鉄眼は、こればかりでなく、飢饉《ききん》の折りに民衆救済に奔走し、救世大士《ぐぜだいし》と称《たた》えられました。

幕府による厳しい統制——葬式仏教はじまる

徳川幕府は、かつてなく中央集権志向が強く、仏教などの宗教を厳しく統制しました。幕府の宗教政策の要《かなめ》となった人物は、南禅寺金地院《こんちいん》の崇伝《すうでん》と天台宗の天海でした。両人は家康《いえやす》、秀忠《ひでただ》、家光《いえみつ》の三代にわたって幕府に協力しました。

幕府は、江戸に触頭《ふれがしら》という役職を置き、幕府の命令を各宗寺院に通達しました。また、寺院法度を全国の主要な寺院に下しました。これがまた細かいもので、人事や経理のほとんどを幕府の監督下に置きました。新しい寺の建設や、新しい教えの布教も、厳しく制限、禁止されました。

また、すべての寺院を本寺、末寺として位置づけ、強引に仏教界の秩序をピラミッド化し、幕府の統制がどんな小さな寺にもただちに徹底される体制を作りました。そのため、江戸時代には、仏教界に斬新《ざんしん》な動きは起きませんでした。

徳川幕府は、鎖国政策とからめて、とくに島原《しまばら》の乱以降、切支丹を徹底的に取り締まりました。そのために作られたのが檀家制度、寺請制度でした。

これにより、家と寺とが強制的に結びつけられました。日本人の戸籍はすべて寺が管理することになったのです。この戸籍を、宗旨人別《にんべつ》帳とか宗門改《あらため》帳といいます。結婚や移住は、寺の住職から戸籍についての証明書が発行されなければできない仕組みになったのです。また、旅行のさいも、寺の住職が発行する通行手形がなければ、関所を通ることが許されませんでした。また、人が死んだときにも、住職が死体検分をして、その人が切支丹でないことを確認しなければならないとまでされました。

このため、日本人全員がかならずどこかの寺の檀家となり、葬式もその寺の関与なしにはできないことになりました。いわゆる葬式仏教の始まりです。寺の経済は著しく安定しましたが、安易に流れ、仏教者として何の努力もしない不勉強な僧、権力にあぐらをかいて堕落した僧が蔓延《まんえん》しました。

民衆レベルの仏教

檀家制度によって、日本人のすべてが仏教徒となった江戸時代には、出家側からではなく、民衆の要求に応じた民衆的な仏教がさかんになりました。また、江戸時代は鎖国政策もあって国内には長い平和がつづき、戦国時代までにくらべて、民衆の経済力は飛躍的に高まりました。経済的な余裕が、民衆の活発な宗教活動につながったのです。

まず注目すべきなのは、修験道《しゅげんどう》の大衆化です。修験道の開祖とされる役小角《えんのおづぬ》（役優婆塞《えんのうばそく》）は、死ぬまで在家だったということもあり、修験道の行者《ぎょうじゃ》は、伝統的に、かならずしも出家ではなかったのです。

江戸時代になりますと、農民たちは農閑期に修験者（山伏《やまぶし》）となって山岳修行をすることが流行しました。また、都会の住民たちは、大山《おおやま》講、富士講などの講（互助団体）を仲間内で作って、各地の霊山に、山伏の真似をして登りました。あるいは、敷地内に小さな山を築いて富士山と見なし、登山の霊験《れいげん》を得ようとしたりしました。

さらに、職業的な山伏たちも出現し、その霊験によって人びとの病の治療に当たったりしました。こうした修験道の人気に押されて、朝廷は、かつて謀反の罪を着せた役小角に「神変大菩薩《じんぺんだいぼさつ》」の称号を贈り、その徳を称えるまでになりました。

また、霊場巡りも大流行し、そのための施設も整備されました。弘法大師空海への信心による四国八十八ヶ所、観音霊場としての西国三十三ヶ所、坂東《ばんどう》三十三ヶ所などがとくに有名です。もっとも、人びとは、これに物見遊山《ものみゆさん》の楽しみも見いだしたのです。

地蔵菩薩への信仰もきわめて大衆化し、また、地蔵菩薩の化身《けしん》とされる冥界《めいかい》の十王、閻《えん》魔《ま》大王への信仰もさかんとなりました。人びとは、これらに滅罪《めつざい》の祈りを捧《ささ》げ、長命と死後の幸福を願ったのです。閻魔の縁日にはたいそうな人出となりました。

平和な江戸時代とはいえ、飢饉などの社会不安も多々ありました。そこで、未来にかけた民衆の世直し運動が、弥勒《みろく》菩薩信仰と結びつくこともありました。

おわりに

本書の単行本版が刊行されて十年以上が経過しました。この間、わたくしの研究もそれなりに進みまして、その成果をこの文庫本にも盛り込ませていただきました。そのため、とくにインド仏教についてはかなりの加筆・書き換えを施しました。その主要なポイントは以下のとおりです。

一、此縁性《しえんしょう》が世界最古の因果関係検証法であること。それを武器にしてゴータマ・ブッダは十二因縁を確証できたことで、一切の疑念を払って目覚めた人ブッダとなり得たこと。パーリ律蔵所収の『大品《だいほん》（マハーヴァッガ）』で、目覚めた人となった後、ブッダが、欲望（アーラヤ）にまみれた世間の人びとには到底理解できないであろう考えた前人未到のことがらとして列挙された項目のうちの最初の二項目は、これまでは「此縁性すなわち縁起」と訳されてきましたが、これはまったくの誤りで、正しくは「此縁性と縁起（十二因縁）」であること。

二、菩薩《ぼさつ》とは、最初に誓いのことば（誓願）を立て、それをいかなる困難にも耐えて守り抜き、違うことのない真実のことば（サッティヤ）に仕立て上げ、その真実のことばの持つ驚異的な力（誓願力、本願力）によって自利と利他との大願を成就しようと努めてやまない人のことであること。これは、ヴェーダ聖典のことば（ブラフマン）は違うことのない真実のことばであるがゆえに、世界を創る力を持っているとする、古来のヴェーダの宗教由来の唯名論の引き写しであること。唯名論が仏教に入り込んでくるその入り口は、いわゆる讃仏乗や初期大乗仏教で活躍し、賞賛やまなかった法師（非僧非俗）たちであったこと。すなわちまた、大乗仏教はゴータマ・ブッダの仏教の単なる発展形態では全くないこと。

三、初期大乗仏教は、ことばの力に全面的に依拠するものであり、ゴータマ・ブッダ以来の戒定慧《かいじょうえ》の三学という修行と原理を全く異にするものであること。よって、菩薩道に身を挺する人にとって、四聖諦《ししょうたい》などの仏説（出家、つまり声聞向けの教え）は無用であるとされること。

四、初期大乗仏教で喧伝《けんでん》された「一切空」の「空」は、ヴェーダの宗教由来の唯名論のごく簡単な帰結であること。すなわち、「ブラフマン」の語源である動詞語根「ブリフ」と全く同じく「膨張する」を意味する「シュヴァー」の過去受動分詞「シューナ」（ことばが膨張して出来た世界、シャボン玉様世界）の形容詞形が「シューニヤ」（中身が空っぽの）の漢訳語が「空」であるということ。ゆえに、実在論の根幹をなす論理をもって一切空を証明したとする議論はペテンに等しいこと。

五、聖典を伝える方法としては、口伝と書伝（文伝）とがあり、初期仏教と部派仏教（大乗からは小乗と呼ばれる）は、論を例外として律と経は口伝で伝えられたのにたいして、大乗仏教では書伝が珍重されたこと。口伝が、膨大な聖典の暗唱のため、長期にわたる集団生活（出家生活）が必須であったのにたいして、書伝は、集団生活を全く必要としないこと。大乗経典の写本に異読・異本が多いのはそのためであること。上座部仏教の法事で文字化された経典が使用されないのにたいして、大乗仏教（日本仏教など）では、本としての経典が恭しく読まれることにその違いは歴然としていること。またゆえに、インドにあって、大乗仏教が教団を組織しなかったのは当然であったこと。大乗教団は、チベット初の統一国家を築いた国王の要請によって初めて成立したものです。

六、初期大乗経典は、出家（声聞）を揶揄《やゆ》・侮蔑する文言にあふれているが、中期大乗経典ではそうした風潮は影を潜めています。これは、初期大乗仏教の主要な担い手が非僧非俗の法師であったのにたいして、たとえば大乗仏教最初の学派の開祖である龍樹《りゅうじゅ》のように、大乗仏教の理論的な担い手が出家へと大きくシフトしたからであること。

七、如来蔵（タターガタガルバ、如来の胎児）、地蔵（クシティガルバ、大地の胎児）、虚空蔵（アーカーシャガルバ、虚空の胎児）は、ヴェーダの創造神プラジャーパティ（ブラフマン）がいったんみずからが創った卵（蚕蛾の幼虫がみずからが創った繭のなかで蛹《さなぎ》になることからの連想）のなかに黄金の胎児（ヒラニヤガルバ）として宿ったとされることの引き写しであること。大乗涅槃《ねはん》経の「常楽我（アートマン）浄の仏性」は、まさに「梵《ぼん》我一如」の「梵《ぼん》」（ブラフマン）の言い換えにほかならないこと。

八、紀元前二世紀の半ば、パンジャーブ地方を拠点に、バクトリアというギリシア人国家が大いに栄えましたが、そのころその地方に勢力を張っていた説一切有部《せついっさいうぶ》が有を実有（七十五法、すなわち三世に常住の原子事象）と施設有《せせつう》（仮有、ことばの上だけの存在で無常）

とに分類したのは古代ギリシアの原子論をモデルにしたものであるとともに、それにより
インド古来の実在論と唯名論の対立を実在論に優位を持たせる「二《に》諦《たい》説」というかたちで
包括することに成功したこと。同時代にバラモン教系からは、原子論とカテゴリー論（ア
リストテレス由来）とを骨格とするヴァイシェーシカ実在論哲学が生まれています。

最後になりましたが編集部の方々、とくに実務に深くたずさわった伊集院元郁さんには
たいへんお世話になりました。まことに有難うございました。

著者識す

平成二十九年四月
東京は中野の北辺にて

参考文献

辻直四郎『インド文明の曙　ヴェーダとウパニシャッド』岩波新書、一九六七年。

中村元『インド思想史』岩波全書、一九六八年。

平川彰『インド仏教史』上・下、春秋社、一九七四年（新版二〇一一年）。

平川彰『インド・中国・日本　仏教通史』春秋社、一九七七年（新版二〇〇六年）。

早島鏡正、高崎直道、前田専学ほか『インド思想史』東京大学出版会、一九八二年。

宮元啓一『仏教誕生』講談社学術文庫、二〇一二年。

宮元啓一『ブッダが考えたこと　仏教のはじまりを読む』角川ソフィア文庫、二〇一五年。

本書は、二〇〇一年十二月、春秋社より刊行されました。

わかる仏教史《ぶつきようし》

宮元啓一《みやもとけいいち》

平成29年 4月25日 初版発行
令和7年 3月10日 12版発行

発行者●山下直久

発行●株式会社KADOKAWA
〒102-8177 東京都千代田区富士見2-13-3
電話 0570-002-301(ナビダイヤル)

角川文庫 20310

印刷所●株式会社KADOKAWA
製本所●株式会社KADOKAWA

表紙画●和田三造

ISBN978-4-04-400181-0 C0115

◆◆◆

角川文庫発刊に際して

角川源義

第二次世界大戦の敗北は、軍事力の敗北であった以上に、私たちの若い文化力の敗退であった。私たちの文化が戦争に対して如何に無力であり、単なるあだ花に過ぎなかったかを、私たちは身を以て体験し痛感した。西洋近代文化の摂取にとって、明治以後八十年の歳月は決して短かすぎたとは言えない。にもかかわらず、近代文化の伝統を確立し、自由な批判と柔軟な良識に富む文化層として自らを形成することに私たちは失敗して来た。そしてこれは、各層への文化の普及滲透を任務とする出版人の責任でもあった。

一九四五年以来、私たちは再び振出しに戻り、第一歩から踏み出すことを余儀なくされた。これは大きな不幸ではあるが、反面、これまでの混沌・未熟・歪曲の中にあった我が国の文化に秩序と確たる基礎を齎らすためには絶好の機会でもある。角川書店は、このような祖国の文化的危機にあたり、微力をも顧みず再建の礎石たるべき抱負と決意とをもって出発したが、ここに創立以来の念願を果すべく角川文庫を発刊する。これまで刊行されたあらゆる全集叢書文庫類の長所と短所とを検討し、古今東西の不朽の典籍を、良心的編集のもとに、廉価に、そして書架にふさわしい美本として、多くのひとびとに提供しようとする。しかし私たちは徒らに百科全書的な知識のジレッタントを作ることを目的とせず、あくまで祖国の文化に秩序と再建への道を示し、この文庫を角川書店の栄ある事業として、今後永久に継続発展せしめ、学芸と教養との殿堂として大成せんことを期したい。多くの読書子の愛情ある忠言と支持とによって、この希望と抱負とを完遂せしめられんことを願う。

一九四九年五月三日